会社を辞めずに朝晩30分からはじめる起業

Arai Hajime

新井一

明日香出版社

会社を辞める必要はありません!

副業で『自分のビジネス』を始めて、
数年後の起業を見据えた
準備・練習をしましょう。

そのためには、
朝晩30分だけ時間を使えばいいのです！

はじめに

「将来が不安」
「もっと収入を増やしたい」
「会社や配偶者に頼らず、自立して生きていきたい」

多くの会社勤めしている方が、時間や場所に縛られることなく、自分の好きなことをしながら稼ぐ、「起業家」という生き方に注目しています。

起業を考える背景には、毎日の会社生活で感じる「生きづらさ」や、「自分はこのままでいいのだろうか?」、「何もしないでいいのだろうか?」という自分自身に対する焦りや問題意識があるのでしょう。

実際、ここ最近は最初からやりたいことがあって起業するのではなく、「自分を変えたい」、「変わりたい」という想いから、最初の一歩を踏み出す人が増えています。

「自分は何をやりたいのか?」

「自分はどうなりたいのか？」
「自分に何ができるのか？」

そうやって改めて考えてみると、「何十年先まで、今の会社で今の仕事をしている自分がイメージできない」、「未来の自分にワクワクしない」という方は、少なくないはずです。

しかし、いざ「起業をしたい！」と思っても、ハードルが高いと感じて躊躇してしまいます。

「家族もいるし、年齢を考えたら、簡単に会社なんか辞められない」
「やってみたいけど、アイデアもないし、自分にできるとは思えない」
「漠然とやりたいことはあるけれど、何から始めればいいのかわからない」

私のセミナーに参加される、起業したいと考えている方の多くは、そんなモヤモヤや戸惑いを抱えています。

年齢は20代後半~40代の男女が中心。社会でキラキラと輝いて、頑張っているはずの皆さんが、何か釈然としない、何か腑に落ちない、何か自分らしいことをしたい、そんな気持ちで、セミナーに足を運んでくださるのです。

最初は、皆さん緊張の面持ちですが、2時間後には……

「私にもできそう！　楽しそう！　やってみたい！」

そう言って、晴れやかな笑顔でお帰りになられます。

なぜ、彼らは、そんな子供の頃のような純粋な気持ちをとり戻すことができたのでしょうか？

答えはひとつです。彼らは、「起業セミナーに行く」という行動を起こしたからです。

自分を変えたいと思っていても、起業したいと思っていても、行動が伴わなければ、頭でっかちになるだけです。やがて、「自分には難しい。よくわからないし、どうせうまくいかないだろう」と、見事に「やらない理由」を見つけてしまいます。そして、そのままフェードアウトしてしまうのです。

しかし、冷静に考えてみてください。難しいと思うのなら、なぜ、もっと簡単にしようと思わないのですか？　なぜ、正しい知識を得ようとしないのですか？　もしかすると、あなたは、「起業すること＝会社を辞めて独立すること」と、思い込んでいませんか？

「会社員のまま、朝晩30分の時間を使って、副業で『自分のビジネス』を始め、数年後の起業を見据えて準備・練習をする」くらいのことは、社会人の経験があれば、誰にだってできます。

会社を辞める必要はありません！

むしろ、会社員のままやるからこそ、安心して、試行錯誤を繰り返すことができるのです。

朝晩30分、つまり、1日1時間です。このくらいの時間であれば、今の生活を少しだけ見直せば、なんとか捻出できるはずです。

今の生活を大きく変える必要はありません。

むしろ、朝晩30分だからいいのです。

「毎日3時間やろう！」なんて意気込んでも、結局、続けられなくては意味がありません。

朝、コーヒーでも飲みながら、あるいは、電車の中でも構いません。「夢のために使う時間をつくる」、まずはそこからです。

ところで、「会社員のまま、まずは副業からビジネスを始める！」、そう決めたとして、一体、何を商品・サービスにして、ビジネスをスタートすればいいのでしょうか？

まったくアイデアがない方もいれば、あれこれまとまらない方もいるでしょう。どちらにせよ、ビジネスをするのであれば、商品・サービスの内容を確定し、販売しなければスタートできません。

本書は、起業したいという人が、失敗しないで着実に一歩ずつ進むためのノウハウをまとめました。

内容は、以下のようになっています。

第1章では、あなたの成功を阻むドリームキラーについて解説します。ドリームキラーは、実在する「人」の場合もありますし、あなた自身の考え方、行動の場合もあります。

ドリームキラーを避けて、ビジネスを始める術を紹介します。

第2章では、多くの方が気にしている、起業に失敗してしまう考え方、間違った進め方について解説します。実際に多くの人が陥りがちなパターンを紹介しながら、あなたがそうならないために、知っておくべきことをお伝えします。

第3章では、行動を促進し、ビジネスの成功確率を上げる方法についてお話しします。行動するためのハードルを下げて習慣化する方法や、成果を大きくするための正しい順番とやり方を説明します。

第4章では、会社員のまま、副業で始めるビジネスの具体的なつくり方を紹介します。アイデアを出し、商品を設計する方法、安定的に売り上げをあげるための工夫、そして、広く世の中に告知するための情報発信についてお話しします。

第5章では、いよいよ動き出したビジネスを、大きく軌道に乗せていく方法を解説します。ここまでくれば独立も間近です。安心して会社員を卒業するための、最終チェックをしましょう。また、多くの方が心配している税金のこと、そして、マイナンバーのリスクについても解説します。

それでは、会社員のまま、ビジネスをスタートしていきましょう。

新井　一

はじめに

第1章

「起業」を阻むドリームキラーたち

多くの人が起業を諦めてしまう理由 …… 24
□あなたはなぜ起業を目指すのですか？ …… 24
□あなたを足踏みさせるモヤモヤの正体 …… 27
□あなたの夢を阻む「ドリームキラー」 …… 29
「自分のビジネス」があなたの夢を叶える …… 33
会社を辞めずに始めよう！ …… 38
技能・時間の切り売りをしない …… 42
□選んではいけない副業 …… 42
□雇われるよりも、雇うビジネスをしよう …… 45

第2章

「起業」するならこれをしたらダメ！

過度な不安を克服する …… 50

□行動を躊躇させる3大言い訳 …… 50

□コンフォート・ゾーンから脱出する …… 52

□リスク管理をした上での「根拠のない自信」は大歓迎 …… 54

朝晩30分から始めるために決めなければならない3つのこと …… 57

□予算を決める …… 58

□目標までの期限を決める …… 59

□出口を決める …… 60

あなたは会社から監視されている …… 61

こんなことをすると失敗する …… 65

□「アイデアが出たから、即、辞表を提出」は失敗する …… 65

□お友達同士でやると失敗する …… 67

□会社員によくある「依存心」を捨て切れない人は失敗する……68
□組織は４人以上にすると失敗する……69
□見栄を張ると失敗する……70
□金策に追われて心のゆとりを失うと失敗する……72
□補助金制度をよく知らないと失敗する……73

第3章

「起業」を見据えるなら知っておきたい高打率の秘密

自分は何をしたいか考える……78
□起業セミナーへ参加する前に……78
□夢や想いを「紙」に書き出す……80
□過去の「振り返り」が未来を照らす……89
小さなことからまずは始める……92

□笑われるほど簡単にする …… 92
□大きな夢を「分割」する …… 95
最も簡単なビジネスをする …… 98
□自分の過去にヒントを得る …… 98
□経験や体験を伝えるビジネスの3つのメリット …… 99
失敗を恐れない …… 103
お金の使い方を見直す …… 105
□ムダな出資を抑える …… 105
□投資と浪費（消費）の違い …… 108
□ビジネス立ち上げ時にかかるお金とは？ …… 109
時間を有効に使う …… 111
□やらないことを決める …… 111
□インプットをやめる …… 114
□スキマ時間を見つける …… 117

SNSを活用する……119
□受け皿を準備する……119
□発信はスマートフォンで楽に続ける……121

第4章

副業から気楽に始める　超・安全スタートアップ術

朝晩30分でできるビジネスをつくる……128
□時間のコントロールができるビジネスを考える……128
□アイデアの実現性を確認する……131
□朝晩30分でできるビジネスに加工する……134
お手軽でなければ、スタートできない・続かない……137
□日常的にやっていることの延長線で考える……138
□「お手軽にする」には、これをやる……140

□ 4つの切り口から、お手軽そうに感じるものを選ぶ …… 142
□「知識の提供（ノウハウ系）」ビジネスのつくり方 …… 148
商品・サービスの決め手は、悩みの解決 …… 153
単なるアイデアを「商品化」する …… 157
□ まず決めるべき3つのこと …… 157
□ 具体的に、詳細を決める …… 164
さらに商品を開発する …… 166
□ 3番目につくるべき商品とは？ …… 166
□ 4番目につくるべき商品とは？ …… 168
□ ファンはあなたの最強の味方 …… 171
ビジネスをスタートしよう！ …… 173
□ 3つの力をバランス良く高める（商品力×発信力×信用力） …… 173
□ 商品ができたら人に知らせよう …… 175
□ ホームページの文章の書き方 …… 179

□ホームページにたくさんの人を呼び込もう……181
朝晩30分の使い方……183
□優先順位を決める……183
□朝晩30分の時間はこう使う（例）……186
□朝晩30分で始められるビジネス（例）……188

第5章

「起業」から「独立」へ　夢を現実にする次のステップ

業務を見える化する……194
□マニュアル化をすると効率的になる……194
□物・お金・書類・情報の流れを見える化する……197
□インフラを組み合わせて営業力を強化する……198
仲間と一緒に仕事をする……202

□アウトソーシングとビジネスパートナー……202
□ビジネスパートナーとの接し方……205
□やってはいけないパートナーシップの形……207
情報発信力を最大化する……209
□広告宣伝に投資する……209
□Facebook広告、PPC広告を活用する……211
□地域性の高いビジネスならチラシを使う……214
□マスメディアを活用する……216
□プロフィールをブラッシュアップする……220
□プレスリリースを活用する……223
「会社員の副業」から卒業する前に、5つのポイントをチェック！……225
□チェック①副業でそれなりの利益を出せているか？……226
□チェック②インフラの準備が終わっているか？……227
□チェック③「自分にはできる」という「根拠のある自信」があるか？……229

□チェック④ 相談できるメンターや同志、専門家人脈があるか？……230
□チェック⑤ 半年先までの売り上げ見込みがあるか？……232

副業であっても「税金」はかかる……235

□税金はどうやって納めるのか……235
□会社にバレない税金の払い方……239
□マイナンバーの副業への影響は？……241

おわりに

○ カバーデザイン：鈴木大輔＋江﨑輝海（ソウルデザイン）
○ 本文イラスト：峰村友美

第1章

「起業」を阻むドリームキラーたち

多くの人が起業を諦めてしまう理由

あなたはなぜ起業を目指すのですか？

唐突ですが質問です。

あなたは、なぜ起業を目指すのですか？
どうしても起業でないと、実現できない夢があるのでしょうか？
それとも、今の現状に不満があるのでしょうか？

起業を目指している方に、このような質問をすると、次のような答えが返ってきます。

「特に『不満』があるわけではありませんが、何か物足りないのです」
「会社は嫌いではないのですが、起業がうまくいくなら辞めたいです」
「先行きはたしかに不安ですが、今すぐ辞める勇気はありません」

起業を目指す多くの人は、正規、非正規を問わず、会社員として、とても真面目に過ごしてきた人たちです。毎月決まった収入を得て、安定した暮らしを実現し、周りの友人たちと比べてお給料が極端に低いこともありません。

正社員なら、多少のボーナスももらえています。会社もいきなり潰れることはないでしょう。人によっては、大好きなパートナーやお子様がいて、穏やかに暮らしている方もいらっしゃいます。

しかし、**今までの安定した人生に、ふと疑問が沸くときがあるのです。**

「私の人生、このままでいいのかな……」

暇そうにしている会社の上司、夜遅くまで残業をしている先輩、いつもイライラしている同僚を見て、こうなりたくはない。
自分自身に対して、ちょっとした申し訳なさと、「いつからこんなことを思うようになったのだろう……」という寂しさや虚しさを覚えてしまいます。

安定はしているけど、毎日楽しくない仕事をしている。
小さな不満が募る日々をこのまま過ごしていって、本当にいいのだろうか?
自分を変えたい。
現状を変えたい。
何かをやってみたい。

本書を読んでいる皆さんには、思い当たる節があるかもしれませんね。

あなたを足踏みさせるモヤモヤの正体

現状を打開するために何が必要かと考えたとき、誰もが思いつくのは「転職」です。転職エージェントのホームページへ行って、とりあえず会員登録をする方も多いでしょう。

しかし、「転職したら、自分が本当にやりたい仕事をできるか」というと、そうではありません。「運次第」というのが、本当のところではないでしょうか。

40代以上ともなれば、やりたいことどころか、転職のチャンスも限られてきます。

収入を増やすために、「副業」をしようと考える人もいるはずです。株式投資やFXをやろうと本を買って勉強したり、実際にトレードをやった人もたくさんいるでしょう。

結果はいかがでしたか?

買ったはいいものの、株価が下がって塩漬けになっていませんか? 目まぐるしく動く国際情勢や政策発表に翻弄され、大きく損をしたという経験をお持ちの方も多いはずです。

変わりたいと思っても、その手段がなかなか見つからない。心の中に、そんなモヤモヤを抱えて、さまよっている方々が、私のところへたくさん相談にこられるのです。

本当に不思議です。それほどの「志」を持つ、意識の高い人たちなのに、月数千円も稼ぐことができない。それどころか、自分の力では1円も稼ぐことができない。起業どころか、最初の一歩すら踏み出せない。どうして、こんなことが起こってしまうのでしょうか？

私は、これまで1万人以上の、起業を目指す方々を見てきました。

ですから、「最初の一歩すら踏み出せない人」や、「セミナーや相談にくるなどの一歩を踏み出せても、数週間後には元に戻ってしまう人」には、共通する特徴があることを知っています。

それは、彼らの周りに、「**夢の実現を邪魔し、変わらないことを維持したい存在があふれている**」ということです。

私たち人間は、とても弱い存在です。生きるために「安定」や「安全」、「安心」を求めます。ですから、変わるということに恐怖を感じますし、そもそも苦手なのです。

つまり、心の中に、「変わりたいと思う自分」と「変わりたくないと思う自分」の２つの存在があり、拮抗している状態になっているのです。

これがモヤモヤの正体です。

あなたの夢を阻む「ドリームキラー」

ところが、その拮抗しているバランスが、ある日突然、いきなり崩れてしまうことがあります。それが「外部からの影響」です。特に、親しい人からの意見は、あなたの思考に大きな影響を与えます。

周りの人からの意見で、「変わりたいと思う自分」が望む意見が多くなれば、あなたは変わるための行動ができるようになります。

反対に、「変わりたくないと思う自分」が好む意見が多くなれば、あなたは変わるための行動がどんどんできなくなっていくのです。

また、心のモヤモヤが晴れない状態が続けば、あなたの脳は、その苦しさから逃れるために、自然に「自分を正当化しつつ、諦められる理由」を検索するようになります。そして、検索結果が出て「夢、終了。ピリオド！」となるのです。

実は、私に相談しにくる方の多くが、このような存在に囲まれていることに気づいていません。その存在は、あなたをモヤモヤから脱出させないように、常にあなたの意識に働きかけているのです。

私は、その存在を「**ドリームキラー**」と呼んでいます。

ドリームキラーは、環境そのものであることも多いですが、あなたと仲のいい人、親しい友人や家族である場合もあります。

もちろん、その人は、自分自身がドリームキラーであることには気づいていませんし、あなた自身も、その人の意見から強い影響を受けていることに気づいていません。

あなたの家族や親しい友人たちは、あなたのことを想い、心配するからこそ、あなたに否定的な意見を言うことがあります。その言葉があなたの中に刷り込まれていくと、次第に「変わりたくない自分」が覚醒し始めます。

失敗したらどうするの?
やめた方がいいよ
もう やめておこう…
成功
失敗

すると、

「起業はまだ早い、もっと勉強だ」

「自分は『自分の判断』で、もうちょっとあとにすると決めた」

「起業は危険だから、まずは資格が必要だ」

というように、先送りや諦めの選択をするようになっていくのです。


ドリームキラーと無縁に生きている、または、アドバイスはありがたく聞くもののまったく気にしていない人は、とにかくどんどん行動しています。

あなたが、夢に向けた第一歩をスムーズに踏み出すためには、ドリームキラー、そして行動をすることによって生じるリスクと、うまくおつき合いをすることが大切です。

「自分のビジネス」があなたの夢を叶える

例えば、「起業して、好きなように働いて、お金を稼ぎたい」と考えるとします。普通、起業をするなら会社を辞めなくてはいけません。そのときに、どうしても気になってしまうのが、「会社を辞めて食べていけるのだろうか？」ということだと思います。

夢を叶えるための最初の一歩をスムーズに踏み出すためには、リスク管理とドリームキラーとのつき合い方が大切なのですが、あなたが「起業」という言葉を口にした瞬間、そして、「大丈夫かな？」と不安がよぎった瞬間、彼らは大声で、こう言ってきます。

「無理無理！　あなたには向いていないよ。サラリーマンをやっている方が……」

「起業って、皆、失敗するらしいよ。私の知り合いの○○さんも……」

「起業！　あなたにはまだ早いよ。3年はしっかりと経験を積んで……」


するとどうなるでしょう？

あなたの「変わりたくない自分」の部分が、次第にその言葉に納得するようになり、静かにあなたの前向きな思考を停止させ、夢にそっとフタをします。

人間は変わることを恐れる生き物です。今の安定した生活を、積極的に手放したいと思う人はいないと思います。それ故、変わろうとする自分と、変わりたくない自分は、心の中で常に戦っています。それはまるで派閥争いのようです。

ドリームキラーは、「変わりたくない自分」の代弁者です。その自分も、あくまでも自分の一部。だからこそ、いとも簡単に説得されてしまい、行動が止まってしまうのです。


「でも、本当にこれでいいのかな……」

それでも、ふとしたきっかけで、「変わろうとする自分」は、数か月後に再び目を覚まします。そして、変わりたくない自分となんとか折り合いをつけて、「副業なら大丈夫かな?」と、妥協案を模索し始めます。

多くの人は、株、FX、アフィリエイト、せどりなど、簡単に儲かりそうなお宝情報を求めて、パソコンやスマートフォンで検索します。

世の中には、そんなあなたを惑わす、「今すぐ、楽に、簡単に」という謳い文句の副業情報が溢れています。

「何ができるだろう?」、「こんなの儲かるわけないよね? でも、もしかすると……」など、あれこれと思いながら、ネット情報を眺めます。そして、とりあえずやってみるかなと、オークションに出品してみたり、ブログを書いてみたりするものの……、まったくおもしろくない、ワクワクしない。結果、3日も続かず行動することができなくなります。

それはなぜでしょう?

理由は、「あなたが得たいものは、そんなものではない」からです。**まったく心がワクワクしない副業をしても、モチベーションが続かないのです。**

一方、「起業するためには、まず勉強して『資格』を取得すべきだ」という妥協案を考える人もいます。民間資格をくれる学校や協会に、会社帰りや週末の時間を使って、一生懸命通うのです。

いつの間にか「勉強仲間」も増え、そんな生活が楽しくなり、お金を払えば資格も無事取得することができるでしょう。

しかし……、コースを修了しても、起業できない人がほとんどです。なぜならば、ビジネスをすることと資格取得の勉強とは、やることがまったく違うからです。結局、修了証書を得たという事実以外に何も変わっていないことに気づき、元のモヤモヤに逆戻り。

このように、**安易に始めた副業や勉強では、結局、あなたの持っている「本質的なモヤモヤ」は解消されないのです。**

思い出してください。あなたの心の声を……。

「自分はお小遣い稼ぎがしたいわけじゃない。『自由』や『やりがい』、お客様からの『ありがとう』、家族との幸せな暮らし、自立できる経済力……そういうものを手に入れたい。好きなことで稼げるようになって、もっとイキイキと輝いて毎日を生きたいんだ！」

言うまでもないでしょうが、これらは起業しなければ手に入りません。なぜならば、「人からお給料をもらって仕事をする」ということは、「他人がつくったビジネスに組み込まれている」ということだからです。

他人のビジネスから得られる自由には限界がありますし、本当に自分の好きな仕事をやることはできません。あなたが夢を叶えたいのなら、あなた自身がビジネスを興す必要があるのです。

会社を辞めずに始めよう！

「自分のビジネス」なんて言われると、「ちょっと難しそう」と感じてしまうのではないでしょうか？　ここで再び、ドリームキラーの登場です。


「あなたには無理なんだってば。まだわからないの？」

「会社を辞めてどうするの？　お給料が入ってこないんだよ！」

「何をバカなことを考えているの！　立場を考えなさい！」


「変わりたくない自分」が再び優勢になり、行動が止まりそうになります。

一体どうすれば、このような心の葛藤を止めることができるのでしょうか？

先ほど、夢を叶えるための最初の一歩をスムーズに踏み出すためには、リスクの管理が大事だと話しました。私がオススメするリスク管理の方法は、

『会社を辞めずに、朝晩30分だけを使って、副業から自分のビジネスを始めること』

です。それが軌道に乗れば、「起業」できます。

実際、私自身、23歳のとき、会社員のまま副業をスタートし、起業できてしまいました。正直言いまして、私ができたのですから、誰にでもできると思います。

お恥ずかしい話、私はまったく優秀な人間ではありません。会社員時代からダメダメ。難しい仕事についていけず、コミュニケーションがとにかく苦手。逃げるように転職した会社では、ずっと嫌われ者でした。

上司からパワハラを受け、「お前、生意気なんだよ！」と、焼肉屋さんで殴られたことが今でも夢に出てきて、うなされることも……（笑）。いつも下を向いてビクビクしてい

ました。そんな私にもできたのですから……。

ですから、自信を持ってください。騙されたと思って、副業から無理なく始めてみて欲しいのです。

会社を辞めなくても大丈夫。辞めて独立するかどうかは、ビジネスがうまくいったあとに、あなたの環境に応じて決めてください。

「**うまくいったら会社を辞めればいい。最初は借金などせず、ある程度、収入が安定するまで副業でやってみませんか？**」

こう言われたら、やってみようと思いませんか？

ただし、前述のように、株やＦＸでは安定はしないでしょう。それに、株やＦＸで仮にうまくいったとしても、あなたの心が求める「やりがい」や「ワクワク」などの願望を満たすことはできないと思います。

また、他人のビジネスに組み込まれて報酬をもらうようなアルバイト副業では、あなたの夢は遠のくばかりです。本業が終わったあと、さらに働いてお金をもらう「労務提供型」のアルバイト副業は、小さなお金はすぐに手に入るかもしれませんが、朝と夜であなたの雇い主が変わるだけで、本質的には会社員として働くことと同じです。それは、あなたが望む形ではないはずです。

だからこそ、あなたにやって欲しいのは、**「お小遣い稼ぎのアルバイト副業」ではなく、「あなたの夢を叶えるための、あなたのビジネス」**です。究極の自己実現だと思いませんか？

多くの人は、「起業＝即退職、脱会社員」と考えています。それはダメです。もしあなたがそうしようとしているのでしたら、私は全力で止めたいと思います。

「今すぐ会社を辞めて、借金をして、不安定な起業の道を進みますか？」

技能・時間の切り売りをしない

選んではいけない副業

あなたの夢を実現するためには、まずは副業から始めればいいということを、なんとなく理解してもらえたかと思います。ただし、繰り返しお伝えしますが、前述のように、その副業の内容は何でもいいわけではありません。

労務提供型のアルバイト副業、つまり、自由のない「時間の切り売り」を選んではいけません。

もちろん広い意味で、「人生に無駄なことなどない」ということは否定しませんが、労働に時間を投じていると、疲れてしまって健康に害を及ぼす恐れもあります。**忘れないで欲しいのは、本業あっての副業です。**

また、そもそも働く時間が短いのですから、収入もそれほど増えないのではないでしょうか？　きっと、モチベーションも続かないでしょう。

あんなに一生懸命やったのに、これだけしか稼げない……そうなれば、ばかばかしく感じてしまう人も少なくないはずです。そんな風に思うようになると、再びドリームキラーが登場します。

そして、「ほら、言った通りだね。今まで通り、大人しく会社に勤めていなよ」とあなたに言い放つでしょう。「行動をやめる理由」を見つけたあなたは、再び夢にフタをしてしまうかもしれません。

では、アルバイト副業ではない、「自分のビジネス」なら問題はないのでしょうか？

いいえ、それが、そうでもないのです。実は、自分のビジネスであっても、時間の切り売りになりやすい仕事があります。

例えば、コーチングやカウンセリングなどの、自分がやらなければならない仕事は、時間の切り売りになりやすい仕事と言えるでしょう。

考えてみてください。本業を終えてからの限られた時間やお休みの日で、どれだけの数のクライアントを獲得し、1時間弱のセッションを何回こなすことができるでしょうか？　獲得できるのは、せいぜい数人程度で、拡大していくことは難しいと思います。わずかに単価を上げたとしても、稼げる金額は知れているでしょう。

自分の時間を使って、労務提供でお金をもらうことは、たとえ自分のビジネスであっても、あまりオススメできないやり方です。それこそ、あなたの人生の安売りになりかねません。

自分自身の安売りは、あなたから「自信」を奪いとり、ドリームキラーが大好きな「心のスキマ」を生み出します。

雇われるよりも、雇うビジネスをしよう

それでは、どうすればいいのでしょうか？

その答えは、「仕組み化」にあります。一番簡単な方法は、**長時間を要する作業、苦手な作業などを、プロに任せてしまう**ことです。そうすれば、あなたの時間を使うことなく、モチベーションにも左右されず、利益がしっかりと生み出されていくようになります。

例えば、先ほどのコーチングのお仕事を、自分の時間をなるべく使わないように仕組み化するとしたら、どうすればいいでしょうか？

ひとつの考え方として、クライアントがいないコーチを集めて、クライアント紹介サービスを提供するのはいかがでしょうか？

その場合、紹介料があなたの報酬です。これであれば、自分がセッションをしなくても、他のコーチがあなたの収入を稼いでくれます。

仕組み化したあと、あなたは、朝晩30分、ブログを書いたり、問い合わせに対応したりするだけで、収入を得ることが可能になるはずです。

副業のうちは大きく稼ぐ必要はありません。仕組みをつくることが大切なのです。そもそも、朝晩30分しか自分の時間を使わないのですから、まずは小さな稼ぎでも大丈夫です。

もちろん、コーチが足りない場合には、あなた自身がセッションをすることもあるかもしれません。しかし、それは一時的なもの。プロセスであって、ゴールではありません。

もし、あなたが、すでに副業のアイデアを持っていて、それが時間の切り売りで収入を得る仕事なら、それを別の人に依頼することをイメージしながら、具体化していきましょう。ようするに、人に渡すための準備を進めていくのです。

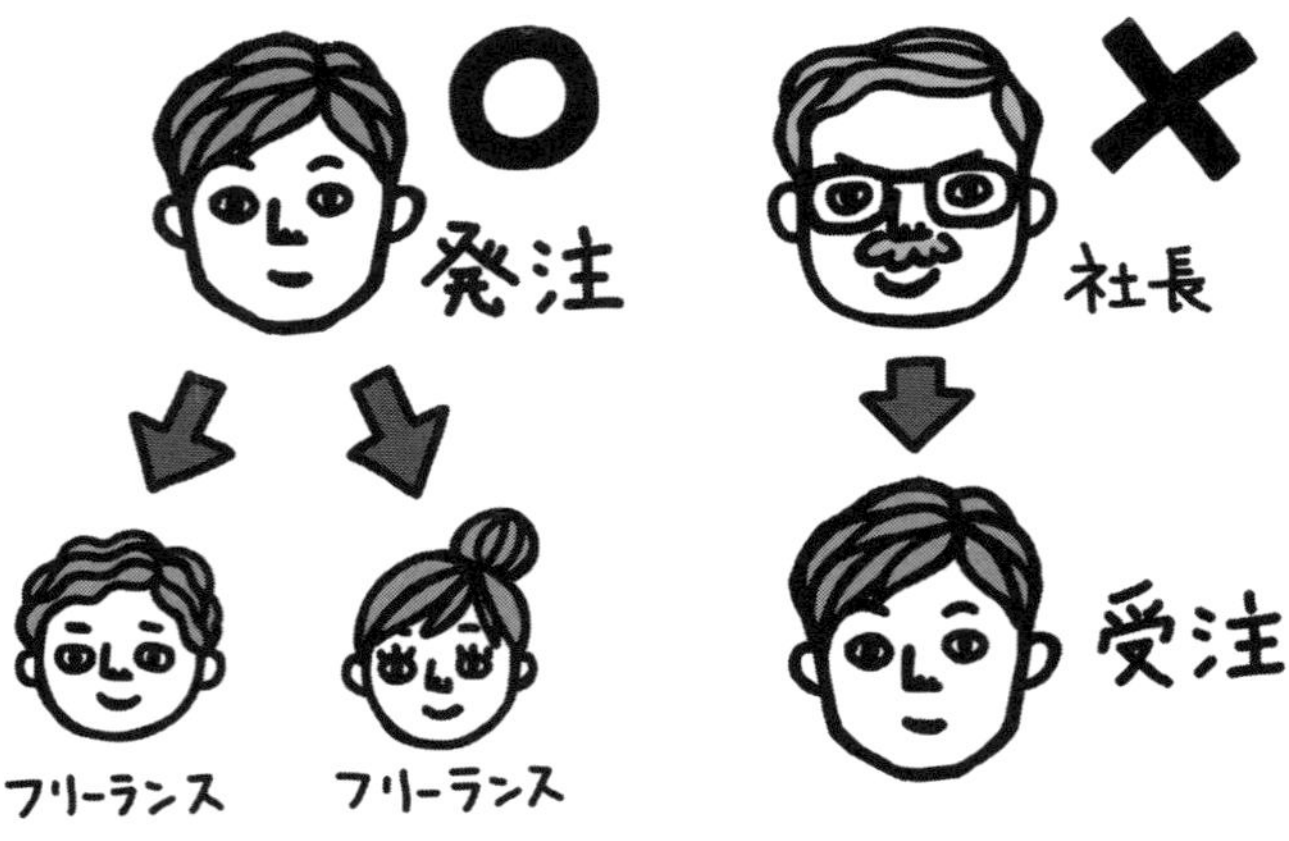

例えば、作業マニュアルを用意するなど、やれることはたくさんあります。ドリームキラーが、「どうせお前にはできないよ！」と言うのなら、「できないからこそ、できる人にお願いしちゃおう！」と考えるのです。

他人のビジネスに組み込まれたり、時間の切り売り仕事をしたりしていると、あなたはいつまでも自由になれません。多くのフリーランスが、自由に働いているように見えて、実はあまり幸せになれていない理由は、企業の「下請け」や、いろいろな意味での「便利屋」として使われているからです。

副業からビジネスを始めるのなら、あなた自身が仕組みの所有者になることを念頭に、行動をしていきましょう。仕組みを回して稼ぐことこそ、モチベーションに左右されず、ドリームキラーを遠ざける最善の方法です。

コラム：モチベーションと無関係に働くと……

「社長のモチベーションが下がっているので、本日休業です」。こんな会社は見たことがありませんよね（一部の頑固なラーメン店などではあるかも!-）。会社組織は基本的には、誰かのやる気が下がっても上がっても、いつもと同じように動いていくものです。

私だって、気持ちが下がる日もありますし、逆にとても元気な日もあります。普通の人間ですから。

先日、コンサルティングの仕事がとても忙しくて、夜中まで講演の準備が終わらずフラフラになりました。その翌朝に「入金がありました」と銀行からメール連絡が入りました。

次の週は、逆に時間に余裕があり、午前中はジムへ行き、午後からのんびり出勤。それでも、銀行から同じように「入金がありました」とメールが入ってきました。

コンディションやモチベーションにかかわらず商品・サービスが売れ、会社が回っているからこそ、ドリームキラーなど関係のない世界で、マイペースで粛々と仕事をすることができています。

第2章

「起業」するなら
これをしたらダメ！

過度な不安を克服する

行動を躊躇させる3大言い訳

前章では、起業の第一歩を踏み出すためには、「リスク管理」と「ドリームキラーと距離をとること」が大切だとお話ししました。そして、リスクを管理するには、『会社を辞めずに、朝晩30分だけを使って、副業から自分のビジネスを始めること』だということも、お話しさせていただきました。

しかし、それでも一向に動こうとしない人がいます。そのような方に「なぜ、副業からでもいいのにやらないのですか？」と尋ねると、いつも返ってくる言葉があります。

それは、「**なんとなく怖い**」、「**自信がない**」、「**決心できない**」の3つです。

「何からすればいいのかわからない」と言う人もいますが、それは調べたり、本を読んだりすればいいので、結局はこの3つです。

この3つは、ほとんど同じ意味ですが、行動しない人が好んで使う3大言い訳ワードです。

その他にも、「アイデアがない」、「スキルが足りない」、「時間がない」、「お金がない」などの「やらない理由」が次々と溢れ出てきます(笑)。私たち人間は、やらない理由を考えることが、よっぽど得意なのかもしれませんね。

「怖い」は、この中でもよく聞く言葉なのですが、「なんとなく」という枕言葉がつくのが特徴です。おそらくは、「失敗が怖い」、「借金が怖い」、「忙しくなって大変になるのが怖い」などの不安があるのだろうと思います。

ですが、冷静に考えていただければ、会社員のまま小さく始めるのですから、失敗もたかが知れています。最初は借金をしないビジネスから始めればいいですし、忙しくなるのが嫌だと言っても、最初からお客様はきませんから、まず大丈夫です(笑)。つまり、起こらないことばかり心配しているのです。

どんな人でも、「現状を維持したい」という気持ちを持っています。変えたい、変わりたいとは言っても、大きく変わることは怖いのです。

だからこそ、私たちは、「何もしない」という心理的に安心、安全でいられるほうを選択してしまいます。その選択を積み重ねた結果、自分に自信が持てない、自分を信じきれない、という意識が定着してしまうのです。

コンフォート・ゾーンから脱出する

「何もしない」ことを選ぶのは、多くの場合、より楽な選択です。このような**心理的に楽な領域を「コンフォート・ゾーン」と言います。**コンフォート・ゾーンにいる間は、あらゆる状況が現状維持。結果、何も動き出しません。

では、どうすればコンフォート・ゾーンから脱出できるのでしょうか?

楽な場所にいる自分をそこから脱出させるためには、きっかけが必要です。多くの場合、それは「ネガティブインパクト」によって始まります。

例えば、リストラや倒産の危機、株で大損をしたなどの経済的損失、あるいは、病気、ハラスメント、離婚、大切な人との死別などの、肉体的、社会的な損失などがあります。人は、そのような事態に直面するまでは、なかなか変われないものです。

しかし、人生を変えたい、自分を変えたいと願うのであれば、そのような事態が起こることを待っているのもおかしな話です。積極的に自分をコンフォート・ゾーンから脱出させるために、今すぐ、きっかけを掴むための行動を起こしましょう。

強度は少々弱くはなりますが、「ポジティブインパクト」でも大丈夫です。あなたがすぐにできることは、「成功体験をすること」です。それを繰り返すことが自信につながり、やがてその自信は、「自分はもっとできる」という意識につながっていきます。

どんな小さなことでもいいです。いえ、むしろ、**ドリームキラーに笑われるくらい小さなことで、最初の成功体験を味わってみましょう。**

例えば「3カ月間、朝30分早く起きる」、「1週間以内にブログのアカウントをとる」など、何でもOKです。自分との約束を守る。それだけで少しずつ、コンフォート・ゾーンを脱出していくことができます。

コンフォート・ゾーンから半歩脱出できたら、両足が出るまでさらに小さなことをやり続けてみましょう。着実に成果を出すことで、怖さも自信のなさも、ほぼ克服できます。「自分にはスキルが足りないのではないか？」という不安も、「これまで何年も会社員を続けてきたし、きっとなんとかなるだろう」と思えるようになるはずです。「外注して誰かに頼めばいいや！」という気持ちになれるかもしれません。そうなれば、しめたものです。

リスク管理をした上での「根拠のない自信」は大歓迎

「怖い」、「自信がない」と、やらない理由を並べてしまう人がいる一方で、成功することを信じて疑わない人もいます。

この「自信満々」な人には、2種類のタイプがいます。

ひとつは、まったく根拠がない自信を持っているタイプ。

私が会社員だった頃、中途採用で入社してきた20代の若者が、試用・研修期間中に、教育をしてくれている課長に向かって、「自分は独立するつもりなので、この会社には長くても2年しかいるつもりはありません」と言い放ったという話を聞きました。怒りの表情でそのことを私に話す課長を見ながら、私は心の中で、「あらあら、まだ何も準備もしていないうちに、もう独立宣言しちゃったのね……」と苦笑をしてしまいました。

彼は結局、3カ月もしないうちに退職することになってしまいました。自信満々は、決して悪いことではありませんが、口は常に、災いの元です。

一方、しっかりとした根拠があって自信を持っているタイプがいます。リスク管理をきちんとやっている人たちです。

そのタイプの人は、焦って会社を辞めず、副業から小さく、手堅く、好きなことをベースにした元手のかからないビジネスを始めています。

もちろん、予算、目標の期限を決め、サービス残業は一切しないなど、本業とのつき合い方もきちんとしています。

そして、**余計なことは誰にも言わず、本業をしている時間帯には、副業している自分を潜水艦のごとく静かに深く潜らせています。**

このような人は、自然な自信に満ちあふれています。

何せ、好きなことを楽しんでいることがビジネスになり、それが起業の夢につながっていて、リスクも極めて小さいのですから。

朝晩30分から始めるために決めなければならない3つのこと

朝晩30分の起業を気楽に始めるためには、次の3つのことを事前に決めておけば大丈夫です。

第一に「予算」を決める、第二に「期間」を決める、第三に「出口」を決めることです。

とりあえずの「仮決め」で構いません。この3つを決めることから始めましょう。

今、動き出した人と、スルーして動かなかった人の間には、数年後、追いつくことができないくらいの差が開きます。小さな、小さな一歩を、踏み出してみましょう。

予算を決める

まずは、最も多くの人が気にしている「お金」についてです。

会社員の方は、「お金は使わないことによって貯まる」と考えてしまいがちです。もちろん生活費はそれでいいのですが、その思考に慣れていると、ビジネスの準備にも1円も使いたくないという気持ちが生まれ、すべて無料で済まそうとしてしまいます。

したがって、ちょっと費用がかかることが出てくると、それが「やらない理由」になってしまうのです。


副業から小さく始めれば、たしかにお金をかけずにスタートすることは可能です。ですが、本当に0円なのかと言えば、それはあり得ません。

「え!　お金かかるの～」

がっかりしてしまいましたか?

ですが、電車に乗れば運賃がかかりますし、打ち合わせをすればコーヒー代くらいはかかります。プリンターのインクなども必要になるでしょう。

ただし、会社を設立する、事務所を借りる、社員を雇うなど、大きなお金がかかることは、やらなくてもいいのです。

実際、ビジネスを始めること自体に、お金はほとんどかかりません。今はインターネットがありますので、無料、あるいは安価で提供されているツールを賢く使いこなせれば、ほとんどお金をかけずにビジネスをスタートすることができるのです。

あなたがやるべきことは、**「いくらまでなら使って大丈夫なのか」を決める**ことです。毎月いくらまでは躊躇なく使え、いくらまでは家族と相談して検討し、いくら以上なら検討せずに使わないなど、「予算」を決めておくのです。

目標までの期限を決める

次は時間軸、「期間」を決めることです。

会社員のままで副業をしている限り、「諦めなければ終わりがこない」という良さがあるため、私たちはついダラダラとしてしまったり、先送りしてしまったりします。もちろん、続けているだけで素晴らしいことなので、そこまで厳密にリミットをつくる必要はありませんが、「180日以内に、最初の1円を稼ぐ！」など、**目標に期限を定めておくと、行動にメリハリがついて、より楽しくチャレンジできる**と思います。

出口を決める

もうひとつ大切なこと、それは「出口」を決めておくことです。

前述の「予算」もそのひとつですが、お金のこと以外にも、**「こうなったら撤退する」という損切りラインを決めておくと安心です。**

「○○になったら会社を辞める」、「○○になったら副業を一時中止する」など、出口を予め決めておくのです。そうすることで腹も決まってきますし、いざというときにも慌てず、粛々と決断をすることができます。

この損切りラインは、毎年見直すようにしましょう。あなたが成長するにしたがい、許容できるリスクの大きさも変わってくるからです。

あなたは会社から監視されている

最近、一部の大企業で、副業を届け出制にして、条件付きで解禁する動きが出てきています。その理由は、優秀な人材を組織内に留めておきたいためというポジティブなものから、会社が社員の人生の面倒を見切れないといった現実的なものまで、さまざまです。

しかしながら、副業解禁の流れは一部大手企業止まりです。中小企業では終身雇用制度の前提がなくなっただけで、社員には、自由にワーキングスタイルを選択する権利がないことがほとんどです。

さて、ここで唐突ですが質問です。

会社に副業や起業をしようとしていることがばれてしまう一番の原因は、何だと思いますか？　実は、税金の払い方や、ブログやSNSからの情報漏洩のようなものよりも、ダントツに多い原因があります。それは……自分で話してしまうこと。つまり、「**自慢話（身から出たサビ）**」なのです。

面倒な会社の飲み会でも、気を許している同僚や後輩との内輪の飲み会は、楽しいものです。しかしそんなとき、人事のうわさや、わずか数万円のボーナスの差などで、涙を流さんばかりに悔しがっている仲間を見たら、お酒の勢いも手伝って、つい、あなたの本音が飛び出してしまうのです。

「副業っていうおもしろい世界もあるんだよ。皆もやってみたら？」

そのときは、「え？　何それ！」と、皆の興味を引いて気持ちのいい一夜になるでしょう。しかし、翌朝には同フロアの人すべてがその話を知るところになり、あなたは妬み、やっかみの対象になり……上司に呼び出されるのは時間の問題です。なんと釈明しようか、気が気ではありませんね。

ある会社員、Yさんのお話をしましょう。Yさんは、友人の会社と取引する形で、自分の趣味で使っているスポーツ用品を輸入販売していました。友人の会社に卸すだけなので、名前が表に出ることもなく、安心して副業を楽しんでいました。

ある日、Yさんは、同僚のSさんから、「部長とうまくいかない」という相談をされました。Yさんは、失意の中にあるSさんを励まそうと、居酒屋で相談に乗りながら、自らの副業の話を明かしたのです。

「僕も、昔同じような思いをしたよ。そのときから、自分でビジネスを始めたんだ。自信がつくよ。Sさんにもできるよ。教えてあげるよ！」

次の日、Yさんが出社すると、何やら部署の皆がよそよそしいような、何か違う雰囲気を感じたそうです。そして、部長のKさんがやってきました。

「Y君、ちょっといいかな」

K部長のあとを追って会議室に入ると、そこには下を向いたSさんの姿。そして、K部長のノートパソコンのモニターには、Yさんが副業活動で発信していたブログが映し出されていました……。

結局、Yさんは会社に居づらくなり、自ら辞職せざるを得なくなってしまったのです。

幸い、Yさんの場合には、副業が順調に成長していたおかげで収入の心配がなく、大きな問題にはなりませんでした。ですが、もし、独立できるレベルに達していなかったら、Yさんの立場は厳しいものになっていたことは間違いありません。

このような事態を避けるためにも、**会社関係の人には、ビジネスの話を絶対に言ってはいけません。**

それだけではなく、**会社のパソコンやWi-Fiを使ってブログを更新したり、SNSに投稿したりすることは、絶対にしてはいけません。**副業禁止と言われる前に、情報セキュリティーの問題で指摘を受けてしまい、そこから発覚してしまうこともあり得ます。

仲のいい同僚でも、かわいい部下であっても、他人の感情はコントロールできません。余計なことを言うのはやめましょう。

こんなことをすると失敗する

「アイデアが出たから、即、辞表を提出」は失敗する

副業から小さく始めるとはいえ、朝晩30分で進めるわけですから、軌道に乗せるまでには一定の期間がかかります。ビジネスアイデアを思いついたからといって、すぐに会社を辞めてしまうのはやめたほうがいいでしょう。

「新井さん、私、会社辞めてきちゃいました！」

以前、こんな方がいらっしゃいました。彼女の名前はUさん。大手流通の仕入担当の仕事をしていましたが、以前からアパレルのネットショップで独立したいという夢があり、

ちょうど良さそうな仕入れ先が見つかった途端、いきなり辞表を提出して会社を辞めてしまったのです。

「で、私、独立するので、何から始めたらいいですか？」

知識ゼロ、準備ゼロ、お金もゼロ。彼女は扱いたい衣服へのこだわりが強く、お客様からの要望（ニーズ）について考える余裕がありませんでした。

結果、知名度もない、ブランド力もない彼女のネットショップは、まったく売り上げをあげることができませんでした。わずかな貯金も使い果たし、今では別の仕事をしているUさん。前職と比べて収入も激減してしまい、本人も楽しくないと言います。これでは、せっかく独立したのに、もったいないですね。

では、会社を辞めるタイミングは、いつがベストなのでしょうか？

ひとつの目安としては、副業が軌道に乗ったとき、つまり、**独身の方ならば本業と同程度の収入が得られるようになったとき**です。**ご家族がいる場合には、本業の2倍以上の収入が得られ、生活費1年分の貯金が確保できたとき**でしょう。

「可能なら1日も早く会社を辞めたい！」と思うお気持ちはわかります。しかし、退職はきちんと準備をしてからでも遅くはありません。

むしろそうすべきです。ノリや勢い、直感で決めてしまう前に、自分の足元をしっかりと確認しておきましょう。

お友達同士でやると失敗する

「友人と二人で参加したいのですが、よろしいでしょうか？」

時折、私の主催する「起業18」のセミナーに、このような問い合わせがあります。大抵の場合、「一緒に起業したいね」と言っているお友達同士。たまに、「一人だと怖いから一緒についてきて」というパターンや、ネットワークビジネスへ勧誘するための潜入部隊だったりもします（笑）。

このように、「お友達同士」でビジネスをしようとする方がいらっしゃるのですが、私は正直、オススメしません。

その理由は、やはりビジネスなので、損得（お金）がかかわるからです。経営方針、取り組み姿勢、価値観にも違いが出てくるかもしれません。**お友達同士では遠慮が出てしまい、言いたいことが言えなくなりがちです。**最終的に仲違いしてしまうケースも少なくありません。

どうしてもお友達同士でやりたいのであれば、それぞれ事業主として独立し、対等な立場の「取引先」として、一緒にやるのがいいと思います。そうすれば、万が一のときにも、最悪の事態になる前に、取引を終了すれば離れることができるからです。

ですが、お友達同士はオススメしないと言いながら、ビジネスには、「パートナー」が重要なことは間違いありません。パートナーシップについては、第5章で詳しくお話しします。

会社員によくある「依存心」を捨て切れない人は失敗する

副業であれ、自分のビジネスを持つということは、「自立をする」ということです。

会社員は、会社や社会から、何から何まで守られています。お給料も毎月もらえますし、手厚い社会保険もあります。仕事に必要な備品は、会社の誰かが揃えてくれます。切手やコピー用紙、収入印紙も、総務や経理部門にいる人以外は、調達などしたこともないでしょう。

自分でビジネスを始めれば、そのようなバックオフィスの仕事はもちろん、フロントオフィスの仕事も、すべて自分でやらなくてはなりません。

会社員としての「当たり前」、誰かがやってくれるという「依存心」は、捨てなければならないのです。自分以外、誰もいないのですから。

組織は4人以上にすると失敗する

小さく始める副業ですので、最初は一人でやることが前提になります。ですが、事業の成長に応じて、家族を従業員としたり、アルバイト社員を雇ったりして、人数が増えることもあります。

そのときに注意して欲しいのは、「あなたが何人までマネジメントできるか？」ということです。

あなたは本業を抱えています。拘束時間は1日8時間ほどになりますでしょうか。その間は自由に動くことができません。

あなたが留守にしている時間帯に、あなたの会社では、複数名の社員が働いていることになります。あなたはその環境下で、その社員たちにきちんと仕事をしてもらうことができるでしょうか？

もちろん、人によると言えばその通りです。ですが、私は経験上、**マネジメントできるのは、自分以外に二人までが限界**だと思います。それ以上の組織を遠隔で動かすには、管理者、経営者としてそれなりの経験と人徳が必要になるでしょう。

□ 見栄を張ると失敗する

ビジネスは、あなたの夢を実現するために行うものです。そこでは、見栄や格好の良さを追求する必要はありません。取引先もお客様も、応援してくれるご家族やお友達も、そんなことは期待していないはずです。

あなたが笑顔で健康で、お客様や自分や家族のためにイキイキと仕事をしていることが、皆の一番の喜びでしょう。

豪華なお店やサロン、広い事務所を持つことは、自分の見栄でしかない場合もあります。お友達に「社員は何人いるの？」と訊かれたら、「私一人だよ！」と、堂々と答えればいいのです。少しも恥ずかしくありません。

常に、冷静にあなた自身に問いかけてください。

「これ、本当に必要？　なくても問題なくない？」

必要のないものにお金をかけるよりも、意味のないこだわりを持つよりも、次につながる収益力を高めることにこそ、お金を投じてください。無駄なものは一切排除して、どこに投資をすれば、より大きな収益が得られるのかを考え続けましょう。

□ 資金策に追われて心のゆとりを失うと失敗する

自分のお城、例えば、お店やサロンや事務所を持つことは、多くの起業家の夢のひとつなのかもしれません。ですが、**ビジネスを始めるときには、初期投資はともかく、毎月お金が出ていく「固定費」については、極力減らすことが大切です。**

今、住宅ローンを支払っている人もたくさんいると思います。今は低金利時代ですが、すでに巨大な借金をしているのにもかかわらず、さらに借り入れを増やすことは、あまり得策とは言えません。

もちろん、借り入れをしてでも先行投資をしなければビジネスは成長しないとも言えます。しかし、それは、もう少しあとのステージで検討しても遅くはありません。

素人が直感で大金を借金……。文字と数字で計画書に起こせば、それがいかにギャンブルであるのかがわかります。やったことがないので、売り上げの見込みが楽観的なのです。

「このくらいは、売れるでしょ！」

なぜ、そう思ってしまうのでしょうか？

繰り返しになりますが、それは「やったことがないから」です。

スポーツをするときのように、まずは上級者に習い、小さな大会の出場を経て、徐々に大きな舞台に挑戦するようにしていれば、どのくらい強い人が参加するのか、自分にどの程度の練習が必要かの見当がつきます。それなのに、なぜかビジネスになると「なんとかなるっしょ！　えいっ！」と、決めてしまう……。なんとかなりませんって。

まずは小さく試す。そして、感覚を掴む。大きな投資は、それからでも遅くはありません。

補助金制度をよく知らないと失敗する

小さく副業から始めようとしても、初期投資にお金がかかる場合もあるでしょう。ですが、前述のように、いきなり大きな借金をつくるのは避けたい……。

そんな場合には、創業補助金を検討してみるのも、ひとつの手でしょう。

市区町村の補助金の中には、創業を応援してくれるものがたくさんあり、副業にも適用されます。ただし、あなたがお金を受けとれるのは、審査を通過した事業計画が実施されたあとです。つまり、精算払いの形で「あとから受けとる」ことになります。

ということは、「補助金が出るのならお金はいらないでしょ？」と、自己資金を用意しないでいると、動き出すことができなくなります。

それでも**補助金を使う最大のメリットは、「返済する必要がない」ということです。**だからこそ審査は厳しく、事業の実現可能性、収益性、継続性などが精査されます。もちろん、売上や経費、経常利益等の予想の根拠が甘いものや、実現可能性の低い妄想・画策レベルのものは、そのまま門前払いとなります。

補助金制度を利用するときには、専門家の支援を受けることも、検討してみましょう。

※補助金制度に関することがよくわかるオススメサイト
『ミラサポ　補助金・助成金ヘッドライン』
（https://www.mirasapo.jp/subsidy/index.html）

コラム：大人になった私たちの忘れもの

私はセミナーで、「皆さんは、1日何時間、月に何円、夢のために投資をしていますか？」と質問をすることがあります。そのとき、参加者の多くは、「ハッ」という顔をされ、私の目を凝視します。そのお顔はまるで、「忘れものをしてしまった！」といった表情です。

「やらなくてはいけない」、「やるべき」ことばかりを優先するようになってから数十年、私たちは、「やりたいことをやる」という気持ちを、どこかに置き忘れてきてしまったのかもしれません。私たち大人は、もはや、自分のやりたいことを実現しようとする気持ちさえ、忘れてしまったということなのでしょうか。

「起業することは、決して怖くない」、「コンフォート・ゾーンから出ればいい」、「会社にお勤めしながらでも、夢は叶えられるんだ」、そう知った大人たちは、まるで子供のように、目を輝かせます。

「私にもできるって、よくわかりました！」

そう言っていただけるのが、私の何よりの喜びです。

第3章

「起業」を見据えるなら知っておきたい高打率の秘密

自分は何をしたいか考える

起業セミナーへ参加する前に

「起業したい！」と考える人がよくやってしまうことのひとつに、「起業系、副業系セミナーのはしご」があります。本書を読んでいる方の中にも、交流会や起業セミナーに参加しまくっている方がいるかもしれませんね。

ですが、その行動は要注意です。あなたのその行動は、「私は情報弱者です。私に高額商品を売りつけてください！」と頼んで歩いているようなものだからです。

世の中には、高額の費用をとる「お金儲け塾」や、「ネットワーク系ビジネス」がたくさんあります。

「○○をするだけで、月収100万円！」というようなものから、参加者に新しいクレジットカードをつくらせて、そのカードからのキャッシングで受講費用や初期投資費用を捻出するように勧めるようなもの、ビジネスの経験が浅い人にとっては、「もしかすると、私でもこんなに簡単に儲かっちゃうの?」と魅力的に聞こえてしまうものまで、さまざまあります。

どんな塾に行くのも、どんなビジネスに参加するのも、あなたの自由です。ですが、「世の中、そんなうまい話は滅多にない」ということだけは、頭に入れておいてください。

フワフワと交流会やセミナーをさまようのは、「いい話はないかな」、「誰かうまくいく方法を教えてくれないかな」、「誰か簡単にできることを教えてくれないかな」と、外界へ宝探しに行っているのと同じです。繰り返しになりますが、そんなうまい話はどこにも落ちていません。

起業をしたい人こそ、まずは自分自身と向き合い、「自分は何をしたいのか?」、「自分ができることは何か?」など、自分自身について徹底的に考えて欲しいのです。情報収集は、それからでも遅くないと思います。

□ 夢や想いを「紙」に書き出す

副業から始める小さなビジネスを成功させるためには、「素の自分と向き合うこと」から始めてください。「自分は何のためにそんなことがしたいのか？」、「自分が手に入れたいものは何なのか？」、「自分にできることは何なのか？」、そんなことを考えていくと、それがビジネスのアイデアにつながっていきます。

もしあなたが、「現状は変えたいけれども、自分が何をしたいのかがわからない」というのなら、今はきっとドリームキラーに夢を隠されている状態なのでしょう。その状態から脱するためには、**夢を言葉や形にして書き出し、「見える化」することが大切です。**ポイントは、きちんと紙に書き出すことです。

誰でも「ああなりたい」とか、「こうしたい」という気持ちを持っているはずです。ただ、思っているだけでは、ドリームキラーが夢を壊してしまいます。自分の夢を壊されないようにするためには、紙に書き出して、自分で見て、改めて感じてみることが大切です。

効果を高めるには、パソコンなどを使わず、紙に書くようにしてください。パソコンでは、なかなか脳内のイメージを膨らますことができません。キレイでなくても構わないので、実際に手を使って、紙に書き出してみましょう。

夢を書くための紙は何でも構いません。ノートでもいいですし、チラシの裏紙でもいいです。とにかく自由に、何でも発想してみてください。

◆まずは、やりたいことを書いてみよう！

あなたのやりたいことを、実際に紙に書き出していく方法について説明していきます。順番に進めていきましょう。


まず、私からの質問です。あなたには、「こうなりたいな」と思う憧れの経営者や有名人はいますか？

あるいは、「こんなビジネスをやってみたいな」と思うことはありますか？　実際にそれをやっている人や会社を知っていますか？

あなたが目標とするロールモデルとなる人、お手本となるような会社があるのなら、その真似をしてみましょう。

「真似をしろって言われても……」

そうですね。おそらく、すべてをコピーすることは難しいかもしれません。したがって、その人や会社の一部分でも構いません。

例えば、あなたが目標とする経営者のやっているビジネスが「パソコン教室」だったとします。その場合、あなたがその人と同じように今すぐに教室として利用する部屋を借りて、パソコンを何台も購入するようなことは難しいと思います。だとすれば、パソコンは1台、場所はカフェを利用して個人レッスンを提供するのはいかがでしょうか？　それならばなんとかできるのではないでしょうか？

お手本となる人や会社のやっていることから、自分ですぐに実行できそうな小さな部分をピックアップして、紙に書き出してみてください。

あなたのやりたいこと、なりたい姿を考えるとき、一からすべてを考える必要はありません。むしろ、それは避けるべきです。あなたがお手本にしたい人、すでに成功している人がやっていることを真似する方が、よっぽど効率よくまとめることができるからです。

思い出してみてください。これまでいろいろなことを学んできたときも、先生や教科書の真似をすることから始めていたはずです。子供の頃に、テレビや漫画の中のヒーローや、憧れの主人公の真似をしたりしましたよね。ビジネスもまったく同じです。真似から始めることで、一番早く学べるのです。

また、やりたいことからビジネスアイデアを考えていくときには、「奇をてらう」必要もありません。「オリジナルのビジネスをつくる!」と意気込みすぎると、私たちはどうしても、世の中にないもの、特徴が際立っているユニークなものをつくろうとしてしまいます。

ですが、最初からそのようなものをつくろうとすると、ハードルがどんどん高くなってしまいます。

まずは「平凡」、「当たり前」で大丈夫です。どこにでもある、当たり前のビジネスで構いません。あなたがやりたいことを、思いつくままに紙に書き出してみましょう。

◆あなたが好きなことを書いてみよう！

ここで、もうひとつ、皆さんにお伺いします。

あなたが好きなことって一体、何でしょうか？　先ほど書き出した「やりたいこと」は、その「好きなこと」に何らかの関係がありますか？　やりたいことが、好きなことそのものであるという人も、まったく関係ないという人もいるかもしれません。

どちらでも構いません。自分の好きなことを言葉にしてみてください。そして、それも紙に書き出してみましょう。

誰にでもひとつや2つ、好きなことがあるはずです。

例えば、読書が好き、スポーツ観戦が好き、心理学が好き、学ぶことが好き、文章を書くことが好きなど……。

「あなたがやりたいこと＝あなたが好きなこと」であれば、それでOKです。そうでない場合には、自分の好きなことを、あるいはそのエッセンスを、やりたいことにつなげる方法を考えてみましょう。

例えば、あなたのやりたいことが「パソコン教室」で、あなたが「パソコンが大好き」だったり、「教えることが大好き」ということであれば、それでOKです。もし、あなたのやりたいことが「パソコン教室」なのに、あなたの好きなことが「マラソン」だというような場合、「マラソン」のエッセンスを「パソコン教室」に取り入れることを考えます。

「自分はマラソンの何が好きなのだろう?」
「なぜ、マラソンをずっとやっているのだろう?」
などの質問を自分に問い続けることで、その理由がわかってくると思います。

その理由が、例えば「自分との戦いに勝つ達成感」だったり、「頭を空っぽにできる時間が好き」だったり、「成果が実感できること」や、「身体を思い切り疲れさせる爽快感」なのかもしれません。

そのようなエッセンスを「パソコン教室」に取り入れるのです。

生徒さんのグループ同士で駅伝のような「ブラインドタッチ競争」をしてみたり、成果が実感できるように、昇級審査などを設けてみたりするのもいいでしょう。

あるいは、生徒さんと年に一度はマラソン大会に出るなんていうのもおもしろいですね。

教室で一番速かった人には、最新型パソコンをプレゼントするとか……。

あなたがやりたいことと好きなことを、ゆるくつなげてみる。そこまで考えたら次に進みます。

◆あなたが得意なことを書いてみよう！

あなたの得意なことは何ですか？

得意なことと言われても難しい、と思われるかもしれません。すぐに答えが出てこないかもしれないでしょう。

そこで、「得意」を2つに分けて考えてみてください。

ひとつ目は、「**趣味や仕事で身につけたスキル**」です。教わって、練習して、いつも使っていて、人よりちょっと上手にできると感じるスキルのことです。

2つ目は、「**生まれつき上手にできること**」です。練習をしたこともないのに、何の苦労もなくできてしまって、他の人から喜ばれたり、驚かれたりすることです。

これらの2つの得意は、人に自慢できることではなくても、どんな小さなことでも大丈夫です。

計算が得意だという人もいれば、人に同調するのがうまいという人もいるでしょう。親身になって話を聞くのがうまい人もいます。中には、何でもかんでも調べてしまう人もいますし、街に新しいお店ができたら、是が非でも行って体験したいという人もいます。頼られすぎて、皆の中心になって旗振り役を担ってしまうという人もいるでしょう。

このような、**自分で意識をしたことがないけれど、なぜか人よりちょっと上手にできてしまうことや、自分でも気づかずに知らず知らずにやっていることが、あなたの「才能」です。**特に、好きなことをしているときには、何も意識してなくても才能が発揮されていることが多いものです。

「趣味や仕事で身につけたスキル」と「才能」とをかけ合わせたものが、あなたが「ものすごく得意なこと」、つまり「強み」です。これこそがあなたのビジネスのコア、競争力の源泉となります。

強みは、日頃、特に意識することなく、当たり前にできているが故に、なかなか発見しづらいものです。しかし、誰にでも必ずあるものです。自分自身を信じて、探し続けてみてください。

ビジネスは自分で考えるよりも、他人がすでに成功させている方法を参考にしながら土台をつくり、それに自分のやりたいこと、強みを融合させてアレンジする方がいいのです。

それが、あなたのオリジナルのビジネスとして育っていきます。

まずは、「やりたいこと」、「好きなこと」、「得意なこと（スキル・才能）」をとにかく書き出してみてください。

そして、どんなことができそうか、ビジネスアイデアをまとめて整理してみましょう。

この紙は、あなたの夢でもある事業計画書の原型となるものです。

□過去の「振り返り」が未来を照らす

「書き出してみましょう！」なんて簡単に言うけどさ……、と中にはそんな風に思う人もいると思います。

どうしても自分がやりたいことがわからない、得意なこともわからない、という状態に陥ってしまっているのですね。そんな人にオススメしているのが、自分の人生を棚卸し、過去の体験の振り返りをすることです。

私たちは、毎日の忙しさはもちろんのこと、やらないといけないこと、やるべきことばかりに追われています。本当の自分を見つめる機会は少ないでしょう。それ故、自分の好きなこと、得意なこと、何かを克服した経験など、たくさんの大切なことを忘れてしまっているのです。

自身の棚卸をし、過去の体験を振り返ることで、自分の中に眠る、ビジネスにつながりそうなヒントを探っていくことができます。

人生の棚卸し、過去の体験の振り返りをするときに、最初に思い出して欲しいのは、子供時代のことです。

小学生、中学生、高校生時代を中心にして、自分が好きだったこと、自分が身につけたスキル、自分が発揮していた才能を振り返っていきます。

そして、社会人時代です。スキル、才能はもちろんのこと、一番褒められたこと、一番の大失敗、そして、お勤めの会社の志望動機なども、思い出してみてください。

あなたは、どんな経験を重ねてきたのでしょうか？　そして、何をやりたい、どんな仕事をしたいと思っていたのでしょうか？

また、仕事だけでなく、プライベートな部分ではどうだったでしょうか？

時間とお金は、自分の好きなことに費やしていることが多いものです。人生でこれまでに最も時間とお金を費やしたものは、何だったかを考えてみましょう。

好きでやっていることは、スキルがどんどん上達していきます。努力している感覚もなく、続けることができるでしょう。そんなことが、あなたにもあるはずです。ちょっと時間をかけてでも、思い出してみてください。

いかがでしょうか？　ひとつずつ考えていくと、もしかすると平凡と思っていたかもしれない人生も、意外と波乱に満ちていて、ドラマもたくさんあるということに気づかれたかと思います。

振り返りで思い出したあなたが好きなこと、得意なことは、ビジネスの核になり得るものです。あなたが本当にやりたいことと合わせて、ビジネスアイデアとしてまとめてみましょう。

小さなことから まずは始める

笑われるほど簡単にする

「会社員のまま、まずは副業から始めてみよう。朝晩30分、それが起業につながったらいいな！」

あなたの心が前向きになり、そう思ったとしても、そのための「行動」を起こさなければ何も始まりません。

その第一歩は、「やりたいことを、すぐにできそうだと思えるまで小さくする」ということです。

行動心理学では、新たなことを始めて、それを習慣化するためには、「いかに少ない労力で実践できるようにするか」が、重要なポイントだと言われています。

逆を言えば、今すぐやめたい習慣があるのならば、とっかかりを難しくしてしまえばいいのです。

例えば、通勤電車でずっとスマホでゲームをしてしまう習慣をやめたいのであれば、ゲームアプリの起動をすぐにできないようにしておくのです。

ゲームをやるときには、常にアプリをダウンロードするところから始めると決めれば、ゲームを始める度にいちいち設定するのが面倒になりますから、そのうちやらなくなるはずです。ゲームを終えたら、即、アンインストールですね。

あるいは、フォルダを複雑に設定しておいて、アプリを起動することを面倒にしておくことができれば、毎回操作するのが嫌になって、ゲームをしすぎる習慣を減らすことができるかもしれません。

ここで質問です。

「あなたは、簡単なことを、ややこしく、大変にしていませんか？」

副業からビジネスを始めようとするときに、このゲームをしすぎてしまう習慣をやめることと同じように、「あえて難しくする」という行動をしていないでしょうか？

「事業計画書をつくらなきゃいけないんだよね……」

「マーケットリサーチって、どうやるの……」

「ホームページも、自分でつくらないと……勉強しないと」

こんな難しいこと、私だってやりたくありません。これでは、行動が止まって当然だと思います。

会社員のまま始める副業です。小さく始めて、借金もしないのが前提なのですから、事業計画書なんて必要ありません。

「そんなのはビジネスじゃない！　ママゴトだよ！」

そうかもしれませんね。でも、ママゴトだっていいんです。何もしないよりはね。

□ 大きな夢を「分割」する

「ビジネスをやってみようと決めたけど、何から始めればいいの？」

これは誰もが思う疑問だと思います。

ですが、深く考える必要はありません。誰も到達したことがない、前人未到のことをしようとしているわけではありません。

あなたが最初にやることは、「最初の商品づくり」です。ビジネスは、商品があって、それが売れて、初めて動き出します。

副業から小さく始めるビジネスでは、まずは商品をつくり、最初の1円を稼げる体制を整えることが、目の前の一歩になります。

「商品づくりか……。湘南でオシャレなカフェを開いて、お客様にのんびりしてもらえる空間をプロデュースしたいな。コーヒーにはこだわって、ランチはシェフがつくるオーガニック野菜と特別なパスタを安価で提供したい！　そして東京にも2号店を出して、云々……」

夢（妄想！）は広がるばかりですね。ですが、気をつけてください。**夢が大きすぎる人ほど、行動できなくなります。**

例えば、「里山を購入して、自然体験を提供するビジネスを立ち上げたい！」と夢見る方がいました。

しかし、里山を購入する資金がまったくない状態でそのビジネスを始めようとしても、なかなか難しいと思います。

「里山を購入する」という計画が、あまりにも大きすぎるのです。会社員のまま、副業から始めるのです。いきなり里山を購入するのではなく、自然体験キャンプを提供するイベント事業に切り替えれば、すぐに実行できるのではないでしょうか？

「料理レシピのポータルサイトをつくりたい」という人もいました。「競合はクックパッドです！」と張り切っています。

ですが、やはりこちらの方も、ポータルサイトをつくるための資金や労力があまりにもかかりすぎるため、なかなか最初の一歩を踏み出せずにいます。

前に進むためには、クックパッドのような巨大なポータルサイトをつくろうとするのではなく、無料のブログを立ち上げ、自分がつくった料理の写真やレシピを掲載することから始めればいいのです。それでしたら、すぐに今日からでもできそうです。

いつか、書きためた記事をまとめるなどして、次の展開を図ればいいのです。

最も簡単なビジネスをする

自分の過去にヒントを得る

私は、いつも、副業からビジネスを始めたいと考える皆さんに、「**過去の自分、あるいは、今の自分の悩みや問題を解決できるサービスから始めると、一番簡単**だよ」と言っています。

どうしても自分軸で発想ができないという場合でも、せめて隣人の悩みや問題までの範囲で考えてください。遠くの人、縁の薄い世界を相手にするのはＮＧです。その人の悩みも痛みも願望も、遠すぎて想像がつかないからです。

そんな制約をかけた上で、朝晩30分、通勤時間くらいで進められることはないか、パソコン1台とスマホ1台でできることはないかを探してみるのです。

例えば、前述した自然体験を提供するビジネスの場合、「自然体験をすることによって何が得られるのか?」ということを、ブログで情報として伝えることはできないか考えてみます。

「なぜ、私は自然体験を伝えたいのか?」を発信することで、あなたに共感を抱く人も現れるでしょう。さらに、「人間関係に疲れたときに、自然に触れることで気持ちが落ち着いた」とか、「元気が出て前向きな気持ちになった」とか、あなたの体験を伝えることで、「自分も自然体験をしたい」と思う人が出てきます。それがビジネスのチャンスです。

ブログを書くだけなら、朝晩30分でできますし、すぐに始めることができます。里山も、まだ買う必要はありません。自然体験キャンプは、月一度、週末の1日を使えばなんとかできるでしょう。

経験や体験を伝えるビジネスの3つのメリット

副業から始めてみたいのはやまやまだけど、「そもそも何をしたらいいのか、アイデアがないよ」と悩まれる人もいます。そんなときに最もオススメなのが、前述のような「自分の経験・体験を伝える」というビジネスです。

自分の経験・体験を伝えるビジネスの何がいいのかと言えば、次の3つのメリットが挙げられます。

第一に、「**自分の経験・体験なので、伝えやすい**」ということです。

これから経験する人にとって、あなたが教えてくれる体験談は、とても価値がある情報です。経験者のあなたなら、これからそれを経験する人の心配のタネ、陥りやすい失敗、その対策などが、手にとるようにわかるはずです。

わざわざ勉強しなくても、資格などをとらなくても、再現性のある情報としてまとめることさえできれば、それを伝えることがビジネスになります。

勉強しただけの机上の空論は、いくら語っても説得力がありません。自分の体験、失敗、乗り越えてきたことだからこそ、その話はお客様の心に伝わり、ファンが増え、ビジネスとして成立するようになるのです。

第二に、「**共感されるから、感謝されて収入も増える**」ということです。

経験・体験を伝えるビジネスのいいところは、あなたが、「お客様の気持ちが手にとるようにわかる、共感力の高い『先生』になれる」ということです。

今のお客様の不安は、過去の自分自身の不安と同じ。だから、心から共感してあげられますし、してもらうこともできます。お客様からの言葉に直接触れられる立ち位置にいれば、いつも感謝をされながら仕事をすることができます。

伝え方を工夫し、ネットを活用したり、ＤＶＤ化や書籍化をしたりすれば、さらに多くの人に情報を伝えることが可能になり、収入もアップさせることができるでしょう。

また、先生業の最大の強みは、「営業不要」ということです。多くの人に感謝される上、嫌いな人にペコペコと頭を下げる必要もない仕事なので、毎日、精神的にも健康でいられるでしょう。

第三に、「**自分の経験だから、競合他社が少ない**」ということです。

自分の経験・体験でビジネスをするので、自分よりもその経験について詳しい人は、とても少ない状態です。

もちろん、似たような経験をしている人は、たくさんいるかもしれません。ですが、自分自身が感じたこと、自分自身が後悔していることなど、「あなた独自の情報」を加え、伝える相手（お客様）を厳選していけば、充分に戦えるはずです。

競合他社が多ければ、なかなか売り上げも安定せず、稼ぐことは難しいでしょう。しかし、自分の経験・体験をベースにすれば、最初からほぼオンリーワンに近い状態（ブルーオーシャン）で稼ぐことができるのです。

ビジネスのアイデアがまったく浮かばないという人は、あれこれ悩む前に、「自分には、人に伝えたい経験があるかな？」と考えてみましょう。

失敗を恐れない

会社員のまま、朝晩30分の副業からビジネスを始めて、それが自然に起業へつながっていくのですから、実際、リスクはほとんどありません。そうであるにもかかわらず、失敗を極度に恐れてしまう人がいます。

たしかに、会社を辞めて独立したら、失敗は極力避けなければいけませんが、副業で、しかも、小さなビジネスの練習で失敗することは、むしろ「貴重な経験になる」と言っても過言ではありません。仮に、数千円を損したとしても、生活が脅かされることはないでしょう。もっと気楽に動いて欲しいのです。

ビジネスが最初からいきなりうまくいくことなんて、まずないと思います。PDCAという言葉がありますが、**なぜうまくいかないのかを検証しながら改善を繰り返し、せっか**

くの失敗を無駄にしないようにしましょう。

実は、起業をしていると、「失敗談」ほど、おいしい話題はありません。起業家同士で話をしているときも、セミナーをするときも、失敗談の在庫が多いほど、話のネタにこと欠かなくなります。

実際、次々と行動を起こして経験を積み上げている起業家の立場で考えると、口先ばかりで何もしていない人の話は、まったくおもしろくないものです。

経験者から適切なアドバイスを得られる自分になるためにも、「敢えて失敗をする」くらいの気持ちで、積極的に動いていきましょう。

お金の使い方を見直す

ムダな出資を抑える

会社員として副業をしている間は特に心配ないのですが、いざ会社を辞めたら、頼りのなるのは貯金、つまり「現金」です。

特に、独立1年目には、現金が必要になります。前年の所得に対する税金、さまざまな想定外の出費、もちろんこれまで毎月振り込まれていたお給料は入ってきません。支払いは先払い、売り上げがあったとしても、売掛金の回収は3カ月後……。

「あっ！　しまった。残高不足だ」

そんなことが、当たり前に起こるのです。

会社を辞めるなら、それまではそれほど気にしなくてもよかった「お金のリスク」に、備える必要があります。

つまり、副業時代から、お金の管理と投資先の判断をしっかりと学習しておかないと、独立したときにビジネスチャンスを逃してしまうばかりか、生活が危うくなってしまうこともあり得るのです。

とは言っても、「お金の管理なんて、財務とか全然わからないんだけど」と思う人もいるはずです。

でも、大丈夫です。そんなに難しいことをするわけではありません。**出金と入金のタイミングのずれを把握し、経費を無駄に使わないことを意識する**だけです。

起業をしたいと考えている会社員の方の中には、毎週のように「人脈づくりのため」といって、異業種交流会や飲み会へ参加している人がいます。また、「勉強が足りない」と、資格取得に大金を投じている方も多くいらっしゃいます。何十万円もする起業塾に通うことも、その最たるもののひとつです。

資格勉強や起業塾、異業種交流会……、いずれも投じた分に応じたリターンや、お金ではなくても何らかの成果が得られていれば問題ないのですが、そうでなければ無駄な出費となります。

お金をかけて学んでいたものがカタチになっていない場合は、投資をやめる決断をすることも重要です。

特に、会に参加するだけで具体的な行動をしていない人が集まる場は、夢を語り合うだけで終わるただの「ポジティブ飲み会」で、ビジネスにはまったく役に立たないケースも多いと聞きます。

1回の参加費は少額かもしれませんが、積もり積もれば大きな出費になります。本来、起業準備に費やすための資金を無駄遣いしているようなものです。

さらに、そうした多くの会社員が集まる場には、必ずドリームキラーも紛れ込んでいます。ドリームキラーは、「なかなか難しい」が口癖になっていて、周りの人の否定、批判ばかりしています。自分も初心者なのにアドバイスが大好きで、あなたの夢を「それじゃ無理でしょ」などと切り捨てる人までいます。

そんな場は、あなたが行くところではないはずです。しっかりと判断し、あなたの夢を叶えるために必要なことに集中して、お金を投資していくようにしてください。

投資と浪費（消費）の違い

自分のビジネスを持つということは、自分自身とビジネスに投資をして、そこからリターン（利益）を得ることでもあります。これが起業の「投資」的な側面であり、あなたは投資家でもあると言えます。

投資ですから、リターンにつながらないものには、お金を使っても意味がありません。

例えば、副業のためにオフィスを借りる人がいますが、そのオフィスが利益向上に貢献しているのならまだしも、固定費が増えて経営が苦しくなっているのであれば、その投資は意味がないということになります。ビジネスをするときには、どこにお金をかけるべきかをよく考えて、「投資」してください。

よくある間違いは、副業で得た利益を「消費」に使ってしまうことです。儲かったお金で豪華なパーティーをしたり、高級車を買ったり、旅行に行ったり、生活水準を上げるために「消費」してしまうのです。

あくまでも今は、会社員のまま副業をしている身です。**利益は事業に「再投資」し、独立後のために、事業を成長させる方が得策でしょう。**

見込み客を集めるための広告宣伝や、ホームページのブラッシュアップや、事業拡大に必要な設備を購入など、貴重なお金は、将来のための「投資」に使って欲しいと思います。

ビジネス立ち上げ時にかかるお金とは?

ビジネスを始めるときにかかるお金（初期投資）は、どのような内容のビジネスをするかによって、大きく変わってきます。

副業から小さく始めるので、大金を使うことは前提としていませんが、もし店舗を持つ必要があるのであれば、家賃やお店の改装費用などがかかります。また、在庫を確保する必要があるのなら、その分の仕入れ費用、場合によっては倉庫代などもかかるかもしれません。

小さなお金でリスクなく始めるには、先に「最も簡単なビジネス」として紹介した、「自分が経験したことを伝えるビジネス」から始めることです。

特に方向性にこだわりがない場合は、まず、その「自分が経験したことを伝えるビジネス」から始めて、慣れてきてから、本来やりたい方向にシフトしても遅くはないでしょう。

自分の経験を伝えるビジネスであれば、事務的な作業は自宅でも可能です。

パソコンやプリンターがすでにあるのなら、必要なお金は、ケータイ料金、Wi-Fi代、コピー用紙などを含めた事務用品代くらいです。ホームページは、最初のうちは無料サービスを使えば簡単ですし、**基本、プライベートで使っているいろいろなものを流用して使えば、費用はほとんどかからないはずです。**

時間を有効に使う

やらないことを決める

会社員を辞めれば、昼間の時間はたくさんあります。ですが、辞めるまでの副業期間は、とにかく時間がいくらあっても足りません。しかしながら、お勤めの会社から毎月のお給料が入ってきますので、さまざまな準備や練習に充てられる「期間」は充分にあるわけです。
ですから、きちんと習慣化して、諦めずに行動し続ければ、必ず成功させることができるのです。

「簡単に言うけどさ……毎日の会社だけで、いっぱいいっぱいだよ……」
「働きながら、そのあとに自分のビジネスって、どんだけハードなの……」

「毎日クタクタになって帰宅してるんだから、夜は寝るだけだよ……」

はい、私も同じような環境にいましたので、お気持ち、状況はよくわかります。大変ですよね。眠いですよね。疲れたら、どうかお休みになってください。無理をしてはいけません。

会社員はとにかく多忙です。時間がありません。

会社では割と暇だという方でも、拘束されている時間帯は、ほぼ何もできないでしょう。

さらに、「明日も会社」となれば、その前夜の時間の使い方も変わってしまいます。

会社員であるあなたには、朝晩30分、それで足りなければ、プラス週末の半日くらいしか時間がないのです。健康や家族との大切な時間を考えれば、それ以上の時間を使うことは簡単ではないでしょう。

だからこそ、作業を効率的に進めなくてはなりません。

まずは、**「やることリスト」を作成して、優先順位を考えるようにしてください。**

さらに、同時にやって欲しい、もっと大切なことがあります。それは、「やらないことリスト」、つまり、**「劣後順位リスト」をつくる**ことです。「劣後順位」とは、やらないことを決めることです。

私たちの日常生活は、実は無駄なことで溢れています。少なくとも、副業をしながら会社に通う生活には、不必要と言えることがたくさんあります。例えば、通勤時間中にスマホでずっとゲームをやったり、漫画を読んだりすることです。

もちろん、気分転換のためにやっているのだと思います。私自身、ゲームや漫画は大好きです。勉強になることもたくさんあります。

ですが、ビジネスのための時間を捻出するには、暇つぶしのためにゲームをやったり、漫画を読んだりする時間は、少しだけセーブする必要があります。「暇つぶし」は、劣後順位リストのトップレベルにランクされる行動です。

愚痴、噂話、悪口ばかりの会社の飲み会も、無駄な時間の代表格です。お金も使いますし、憂さ晴らしだけの生産性のない場は、さっさと切りあげてしまいましょう。その分、早く寝るなどして、翌朝の30分に備えるべきでしょう。

そして、意外と忘れがちなのが、「ビジネスをしようかしまいか、悩んでいる時間」です。やるかやらないかで迷っている時間は、そもそも建設的ではありません。やってから迷うことがたくさんあります。そっちに時間を使う方が、よほど有意義です。

「やることリスト」と同時に、「やらないことリスト」をつくり、日常生活をスリム化してしまいましょう。私たちは、両手にものを握っている間は、新しいものを掴むことができないのですから。

□ インプットをやめる

「やらないことリスト」をつくったのに、それでもまだ「忙しい」、「時間がない」が口癖になっている人がいます。そういう人は必ずと言っていいほど、「過剰な学び（インプット）」に時間をとられています。

完璧主義なのかもしれません。

「過剰な学び」のよくあるケースとして、「資格取得のための勉強」があります。起業するために必要な資格であれば仕方ないのですが、多くの人は「そのスキルで起業しよう」と考えて、学校に通い始めてしまいます。

しかし、そのような資格は、残念ながらビジネスには結びつきません。その資格を活かした現場で長年経験を積んだのなら別ですが、とったばかりの資格は、ただの知識にすぎないのです。

「起業したいけど、実務経験がない」ということになるため、副業・起業を諦め「転職」を検討し始めてしまう人が多くいます。

結果、最初の一歩まで、そこからまた何年もかかることになり、そのうち夢はフェードアウト。そんな事例をたくさん見てきました。

民間資格のほとんどは、お金を払ってスクールに通いさえすれば取得できるものですが、それでも多くの貴重な時間を使うことになります。そして次第に、「せっかくここまで勉強をしたのだから、最後まで学びたい。元をとれるようになるまで極めたい」と考えてしまい、上位コース、そのまた上と、勉強し続けることになるのです。

こういう心理状態を「サンクコスト効果（埋没費用効果）」と言います。投資をした時間や費用を取り返そうとして、さらに損失を大きくしてしまうという心理効果です。

インプットが増えていけば、ビジネスに割ける時間はますます減っていきます。そのうち、勉強することが楽しくなり（それはそれでは決して悪いことではありませんが……）、いつまで経ってもビジネスの準備をしなくなります。

その結果、あなたが得るものは何でしょうか？

それは、「●●（資格名）の○○さん」という名前です。せっかくのあなたの個性も、その他大勢の人たちと同じ箱で、まとめられてしまいます。会社名が資格名に変わっただけですね。それは、あなたが得たかったものなのでしょうか？

私たちに与えられている時間は1日24時間。上限は決まっています。副業であっても、会社員のままビジネスをするのなら、どこかでインプットを断ち切り、行動する時間を確保しなければならないのです。

スキマ時間を見つける

会社員のままビジネスをするためには、いかに日々の生活を変えずに時間を確保できるかの工夫をしなければなりません。ですが、「朝はなるべく寝ていたい！」、「夜は夜でやることがいっぱい！」、そんな環境の方もたくさんいらっしゃるでしょう。

そんな場合には、本業の時間を侵さない、「スキマ時間」を活用するようにしてください。


会社員のままビジネスを始めて成功している人と、そうでない人の大きな違いのひとつに、「スキマ時間の活用」のうまい下手があります。

成功している人は、朝30分早く起きることはもちろん、作業を事細かに分割し、通勤や移動時間、お昼休みなどに、情報発信や緊急のメールのやりとりを行います。

帰宅後は販促活動や商品づくりに力を注ぐなど、日中のスキマ時間にも、準備や仕事をどんどん進めているのです。

ところが、「時間がない」とぼやいている人を見ると、時間をまったく有効活用できていません。まとまった時間がとれないとやる気にならないのか、スキマ時間には行動が止まっています。

忙しいが口癖になっているのに、晩酌には結構な時間を使っていることもあります。それでは、いつまで経ってもビジネスは軌道に乗らないでしょう。

必要な作業はすべてチェックリストにして、あれこれ考えずとも、スキマ時間に作業をこなしていけるように準備しておくことが大切です。「何をするんだっけ？」と考えていると、スキマ時間はあっという間に消えてしまいます。

SNSを活用する

受け皿を準備する

準備の最後は、「人とつながるための『受け皿』の用意」です。

仕事、特に自分でビジネスをしていれば、たくさんの人と知り合い、挨拶を交わすことになります。一般的に、初めて会った人とは、名刺交換をしますよね。

ですが、あなたがこれまでため込んできた名刺の山、そのほとんどが顔と名前が一致しない人たちばかりではないでしょうか？　私も、おつき合いで起業家交流会に行ったとき、帰りの電車の中で、すでに顔すら思い出せない人の名刺ばかりを持っている自分に驚いたことがあります。

「自分も、相手にとっては、こんな存在だよな……」

そんな風に思ったことを思い出します。

それでも今までは、それで良かったのかもしれません。ですが今後、あなたがその「誰だかわからない名刺の1枚」になってしまうことは、なるべく避けたいところです。副業とは言え、自分でビジネスをしていくのですから、やはり、つながりはきちんと維持しておきたいものです。

とは言っても、「人の名前を覚えるのは苦手だし、用もないのに連絡するわけにもいかないし……」と思う方も多いでしょう。

そこで便利なのが、SNSです。**FacebookやTwitterでつながっておけば、ご縁が完全に切れてしまうことは避けられるでしょう。**

今の段階では、SNSを使ってどう拡販をするのかなど、難しいことは考える必要はありません（それについては後述します）。今の段階では、アカウントを開設し、たくさんの人とつながりを増やしておくことを考えてください。

「会社の人とFacebookで友達になっているし、怖くて使えないよ！」

そうですよね。「知り合いかも？」なんて、上司の顔が出てきたら、ゾッとしますね。

もし、**副業が禁止されているなど、本名で活動することに問題があるのでしたら、「ビジネスネーム」を使って、Twitterを活用しましょう。**Twitterなどの本名以外の登録ができるSNSから行えば、会社の人に知られる可能性はほとんどありません。

発信については、まだ積極的に行う段階ではないので、人とつながるための受け皿として準備しておきましょう。

発信はスマートフォンで楽に続ける

今は、多くの人がスマートフォン（スマホ）を持つ時代になりました。スマホ、あるいはタブレットが1台あれば、外出中のスキマ時間にたくさんの作業をこなすことができます。副業からビジネスを始める際には、ぜひ持っておきたいアイテムです。

スマホは、メールチェックや情報収集はもちろんのこと、写真撮影やブログ投稿などの「情報発信」にも大変便利です。

商品の準備が整い、集客をする段階がきたら、情報発信をスタートしましょう。最新情報をマメに投稿、更新し続けることで、あなたのブログはお客様にとって「信頼できる情報源」となることができるでしょう。そうなれば、アクセス数はもちろんのこと、売り上げも自然に伸びていきます。

駅まで歩く間に投稿する記事の内容を考え、通勤電車の中でスマホで記事を作成、会社の近くに着く前に投稿することができれば、毎日続けることもできます。さすがに毎日はきついという場合は1日おき、それも大変なら2日おきなど、できるところまで目標は下げても構いません。

ただ、**諦めずに少しずつでも発信をするようにしていきましょう。**無理をせずに、しかし継続的に続けていくことが、何よりも大切です。

「いやいやいや、自分の路線はめちゃくちゃ混んでるから、ブログなんて絶対無理。倒れないようにするだけでも大変なんだから」

そんな方も、きっといらっしゃると思います。私も過去に地下鉄を使っていたのですが、気持ち悪さを抑えるだけでも大変でした。

通勤電車内で記事を書くことができない方は、情報収集に集中するというのはいかがでしょうか?

暑くて苦しい車内では、クリエイティブな頭になれないということもあるでしょう。そんな方は、中吊り広告や電車のドアに貼られた広告を見て、今、何が話題になっているのか、どんなキャッチコピーが使われているのかなどを観察してください。

朝は新聞を見ている人も多いので、一面の見出しをチェックするのもいいです。

窓から見える街の風景を眺めるだけでも、発見できることがあるかもしれません。

売店を見れば、商品の値づけも参考にできるかもしれません。

帰りの駅では、タクシーの列がどのくらい伸びているかで、景気の状況もわかると思います。

街を歩く人たちが何を望んでいるのか、どんなニーズがあるのかということがわかれば、ビジネスのヒントになるでしょう。

このように、**通勤時間を使って集めた情報をもとに、お昼休みや次のスキマ時間にブログを書きます。**

文章が得意な人は、スマホでそのまま書けばさらに時間短縮になりますし、苦手な人は、まず構成を考えてから書いてみましょう。文章ができあがったら、ためらわずに投稿しましょう。完璧を求める必要はありません。

朝晩30分の時間以外に、スキマ時間も活用できるようになると、ビジネスやその準備は、さらに加速していきます。

「毎日ブログを書くぞ！」などとハードルを高くする必要はありません。むしろ避けるべきです。いつか苦しくなってしまい、ドリームキラーにつけ入れられる隙を与えてしまいます。

「とりあえず副業だし、マイペースでいいや」と気楽に考え、深く考えないことも大切です。

コラム：好きな場所に行って見つけた小さなアイデア

「太鼓の達人」という、和太鼓をたたきながら、リズムをとって点数を競うゲームがあります。

もう何年も前のことですが、このゲームがテレビにとりあげられ、小さなブームが起きました。

ブームは中高生に広がり、やがて「太鼓のバチ」にこだわる人が出てきました。自作の太鼓のバチを使ってゲームをするのです。

ある日、会社員のAさんが、会社帰りに大好きなゲームセンターに寄ったとき、偶然その光景を見かけました。

そのバチにピン！ときたAさんは、連日、いくつものゲームセンターに立ち寄り、ゲームをしている人たちをチェックして回りました。

「これはビジネスになる！」

そう確信したAさんは、職人に太鼓のバチをつくらせ、インターネットで販売することにしました。商品はプチヒットし、毎月20万円ほどの売り上げを叩き出すほどになったと言います。

この例は、会社帰りにぶらりと立ち寄った、自分が好きなゲームセンターで、小さなビジネスアイデアを見つけた好例です。

まずは、好きなことなどをきっかけにして、身近なところで小さなビジネスを見つけましょう。それで収入を得られたら、少しずつ大きくしていけばいいのです。

最初から大上段に構えるとうまくいきません。軽い気持ちで、小さく考えるようにしてください。

第4章

副業から気楽に始める超・安全スタートアップ術

朝晩30分でできるビジネスをつくる

時間のコントロールができるビジネスを考える

なんとなくでも構いません。アバウトなビジネスアイデアが出るようになったら、次は「本当に実行できるのか？」を、再度チェックしていきます。

前章で、「笑われるほど簡単に、小さく分割する」というお話をしました。理由は、「そもそも、簡単で小さくないと、会社員のまま実行できないから」です。

では、ここで質問です。

「そのアイデアは、朝晩30分の時間で準備をし、育てていけそうですか？」

いかがでしょうか？ もちろん、「必要な投資（お金）が大きくなりすぎていないか？」など、お金のことも確認しておくことが大切です。しかし、その前にまずは「時間」です。

「うわ、いつの間にか、ものすごく複雑なことを考えてしまっていた。これを30分でやるのは難しい」

「あ……、これは大きな設備投資が必要になる。何百万円も融資を受けなければできないし、サービス提供も会社を辞めなければ無理だな」

「うーん……、準備は、朝晩30分でもコツコツやればできるのかもしれない。だけど、ビジネスを朝晩30分でやるっていうのは……どうだろう？」

冷静になって考えてみると、いろいろと見直す部分があるかもしれませんね。

ちょっと遠くから、ドリームキラーの声が聞こえてきそうです。

「やっぱり、朝晩30分なんて無理なんじゃないの？ よく考えたら、『朝晩30分だけで稼げます』なんて言っている奴は怪しい！」

たしかに、これまでの人生にはなかった、新しいチャレンジだと思います。やったことがないのですから、難しく感じるかもしれません。

しかし、会社員のままやるのです。朝晩30分で準備を進め、準備ができたら、日々朝晩30分で回していく。もし、それだけで足りなければ、お休みの日の半分を上限として使う。会社員のまま副業から始めるということは、その時間の範囲でできるビジネスをつくらなければならないのです。それしか選択肢がないのです。

自分のビジネスでなければ、これは実現できません。

他人がつくったビジネスでは、たとえ副業であれ、ハードルが一気に高くなってしまうのです。

たとえ役員や責任者、(雇われ)代表というポジションをもらったとしても、やりたいようにはできません。厳しいノルマや時間の拘束があるかもしれませんし、利益を持っていかれてしまって、思うように稼げないかもしれません。

自分のビジネスであれば、自分のペースでできます。極端に言えば、面倒だなと感じるときには、仕事をお断りしたっていいのです。仕事を選び、面倒な人は相手にしない。そうするだけでも、ハードルはずっと低くなります。

とは言っても、「朝晩30分でできる仕事なんて思いつかない」と感じる人もいるでしょう。

ここからは、自分がやりたいことを「朝晩30分でできるビジネス」にするには、どうすればいいかをお話しします。

もちろん、これに限ったことではないので、一例として受け止めてみてください。

アイデアの実現性を確認する

朝晩30分でできるビジネスをつくるために、まず、今あなたがお持ちのビジネスアイデアを整理することから始めましょう。

そのあと、そのアイデアを朝晩30分でもできるように、加工します。

まず、第3章で書いてもらった「やりたいこと」、「好きなこと」、「得意なこと」などをかけ合わせたビジネスアイデアが書かれた紙を、もう一度眺めてみてください。

ここで**確認して欲しいのは、今現在のビジネスアイデアを実行するために、1日に何分の作業時間が必要になりそうかということです**。

アイデアをまとめる、ホームページの準備をするなどの、いわゆる段取り作業は、朝晩30分でもコツコツと進めることができるでしょう。しかし、実際にビジネスをスタートしてお客様がついた場合に、「本当に朝晩30分でサービス提供ができるのか?」は、しっかりと確認しておく必要があります。

例えば、あなたがネットショップでカバンの販売を始めたいという場合、朝30分で受注や入金の確認、夜30分で発送作業をして、週末などのお休みの半分を使って仕入れをする、などのルーチン作業ができれば、このビジネスは実行可能だと思います。

では、ホームページ制作代行を副業として始めた場合、朝晩30分で作業や事務処理を進めることができるでしょうか?

できるかもしれませんが、本来であれば、毎日5〜8時間は作業したいほどの仕事量です。朝晩30分では、その分、納期が長くなってしまうかもしれません。さらに、昼間の打ち合わせは困難でしょう。

このように、今現在のアイデアを実行するために、「本来なら何分必要か？」そして、「朝晩30分で実行するならば、何を犠牲にしなければならないのか？」を明確にしておくことが必要です。

朝晩30分でできるビジネスに加工する

朝晩30分で実行可能なビジネスに加工する際、**オススメの方法は、「インターネットを最大限活用したビジネスにすること」です。**今の時代だからこそできるビジネスです。テクノロジーというものは、本当にありがたいものです。

前述のカバンのネットショップもそうなのですが、なぜこのビジネスが実現可能なのかと言えば、それは、あなたが本業の仕事をしている間に、ネットショップが集客やお客様対応をしてくれているからです。

一方、ホームページ制作のような、自らが作業する「代行業」をやる場合、簡単にはいきません。朝晩30分では、お客様の希望納期を守ることは難しいでしょう。また、顧客獲得のためには、営業活動もしなければなりません。

「え、そんなことを言われたら、好きなことなんてできないよね？」

たしかに、今すぐ、すべてのことを１００％実現することはできないかもしれません。今はまだ副業でやっている段階です。空いている時間でやらなければならないのですから、仕方ありません。

本業の仕事だけでも大変な毎日です。**無理をしなければできない仕事は、今はそもそもやってはいけないのです。**

では、会社員のまま副業から始める場合には、自分のやりたいことは諦めなければならないのでしょうか？

そうではありません。今はまだ道の途中。ゴールはあくまでも、自分の好きなこと、やりたいことでの自立を目指すのです。

物理的に考えて、今はまだできないという場合には、ちょっと形を変える必要があります。例えば、ホームページ制作請負をゴールとするのならば、はじめは「ホームページのつくり方を解説する動画をダウンロード販売」したり、「ＤＶＤ教材として通販」をしてみたり、「電子書籍にして販売」するなど、インターネットを介して取引できる形に置き換えるのです。それができれば、実現の可能性が一気に開けてきます。

アナログ的な労務や作業を、デジタルファイルのダウンロードやオンライン販売に置き

換えればいいのです。

会社員のままビジネスを始めるには、インターネットの活用が欠かせません。

もし、さらにビジネスを発展させる余裕があるのなら、例えば、その商品を購入してくれた人たちに対して、月1回の勉強会の場を提供するなども考えられるでしょう。

あなたが場所や時間をコントロールできるのならば、大きな負担にはならないはずです。無理のない範囲で、付加価値を高めていきましょう。

副業からであっても、会社員を続けながら新しいことを始めるためには、時間のコントロールを自分自身でする必要があり、そのためには、たくさんの工夫を凝らさなければならないことが、おわかりいただけたのではないかと思います。

大変と感じるかもしれませんが、これは「あなたの人生の操縦桿を、あなた自身が握る」ことでもあります。

他の誰に振り回されることもない、自立した人生の第一歩になるのです。

お手軽でなければ、スタートできない・続かない

さて、あなたが考えるビジネスアイデアは、会社員のままで、大きく生活を変えることなく、朝晩30分で実行可能なものに加工できそうでしょうか？

もし、難しそうな場合、今の段階では、もう少しお手軽にできるビジネスに「ダウンサイズ」する方法はないでしょうか？

ここからは、あなたが「やりたいこと」を、「実際にやれること」に変える方法を紹介します。

ここまで繰り返しお話ししてきたように、**会社員のままビジネスをする際に最も大切になることは、「できるだけ小さく考えること」、そして「インターネットを活用すること」の2つです。**

しつこいですが、もう一度、考えてみましょう。あなたのビジネスアイデアを、もっと小さく、自分にとってお手軽なものにすると、どうなりますか？

日常的にやっていることの延長線で考える

ビジネスのアイデアを考え出すと、夢がどんどん大きくなり、いつの間にか、自分の手に負えない規模になっていることがあります。壮大なビジネスモデルを描いてしまい、現実離れしてしまうのです。そこまでいかない場合でも、自分が勤めている会社と同レベルの商品、サービスを提供しようとしてしまう人が、意外と多いのです。

しかし、もう少し気楽に考えてください。最初は副業で、しかも個人でビジネスを始めるのですから、**大きな会社のようにたくさんの商品を並べる必要はありません。**

また、携帯電話のプランのように、**複雑、難解な商品を扱ってもいけません。**自分が気軽に、簡単に提供できる商品・サービス、日常の延長線上で発想できるレベルに限定して考えてみましょう。

過去にこんな例がありました。

今は、インターネットで通販が当たり前になり、欲しいものが全国どこでも手に入る時代になりましたが、昔は、東京で売っている最先端のものは、地方ではなかなか買いにくい時代がありました。そこで、「お買い物代行」というビジネスが流行りました。

これはファッション雑誌に掲載されている衣服を、依頼に応じて購入して、それを依頼主に郵送するだけ、というお仕事です。首都圏に住んでいれば、誰でも始められるビジネスですし、発送手配をお店に委託すれば、朝は事務作業、夜はお買い物と、会社勤めしながらでも十分に実行できるものです。

このビジネスを始めた女性は、オシャレが大好きで、ファッション雑誌を毎月購読していました。それを読んでいると、いつもあっという間に時間がすぎてしまうそうです。

その方は現在、自身のブランドを立ち上げ、パーソナルスタイリストとしても活躍しています。

いつも自分のためにやっていた好きなことが、お客様のためにやることに変わっただけ、というお手軽さが、このお買い物代行ビジネスが成功したポイントだったと思います。

□「お手軽にする」には、これをやる

さて、ここまで繰り返しお伝えしてきたので、副業でビジネスを始めるときは、「徹底的に小さく、お手軽にすることが大切だ」ということが、ご理解いただけたのではないかと思います。ここからは、「お手軽にする」とは、何をすることなのか、もう少し具体的にお話しします。

ビジネスアイデアをお手軽にするときは、日常の延長線で考えること以外に、以下の3つのことを考えてみてください。

① 金銭的負担を軽くする
② 時間的制約がないビジネスを選ぶ
③ 地理的に慣れた、近い場所でやる

まず、金銭的負担は、なるべく小さくしておきましょう。

在庫を抱えない、固定費をかけないことを考えてください。

もちろん、ただお金をケチればいいというわけではありません。ここぞというときに投資できるように、無駄遣いをせず、現金を残しておきましょう。


次に、時間的制約ですが、朝晩30分でできるように、ホームページやメール配信システム（自動返信機能付きメールフォーム、メールマガジン、ステップメールなど）を最大限活用して、仕組み化することが大切です。

システム以外にも、ビジネスがある程度軌道に乗ってきたら、業務委託、外注化をするなど、「他人の時間をお金で買う」ことにも挑戦してみましょう。


最後が、地理的な工夫です。

長い移動時間は、時間の浪費につながりがちです。もちろん、移動時間で仕事を進めることができればいいのですが、満員電車だったりすれば、そうもいかないこともあるでしょう。

また、お客様に呼び出される立場ではなく、「○○日、○○時に、○○にきてください」

と、こちらが日時、場所を決められるようなビジネスができるように工夫していきましょう。

4つの切り口から、お手軽そうに感じるものを選ぶ

あなたにとって、最も簡単に思えて、すぐに実行できそうに感じるビジネスとは、どのようなものでしょうか?

第3章で、「自分の経験・体験を伝える」ことをビジネスにする、という提案をさせていただきました。しかし、それ以外にもビジネスはたくさんあります。

「自分の経験・体験を伝える」ことを「知識の提供(ノウハウ系)」とすると、それ以外には、「ハコ・機会の提供(スペース・チャンス系)」、「モノの提供(プロダクト系)」、「技術の提供(スキル・サービス系)」などがあります。

それぞれのモデルを説明していきます。

「知識の提供(ノウハウ系)」とは、第3章でも話した通り、自分の経験を伝える、教え

るビジネスです。

仕事術、遊び方、スポーツやゲームの攻略法など、長年経験してきたものがある方、好きなことが明確になっている方、他の人が滅多に経験しない苦労をしてきた方などには、比較的探りやすい切り口だと思います。

私のクライアントさんに、うつ病から脱して、職場に復帰した経験をお持ちの方がいらっしゃいます。

その方は、元々外資系企業にお勤めでしたが、責任あるポジションを歴任してきたためか、ストレスが積み重なり、うつ病の症状が出てしまったそうです。

通常、病院でうつ病と診断されれば、薬が処方されます。薬で完治される方もいらっしゃいますが、薬に依存してしまうと、なかなか脱することができなくなってしまうのだそうです。

その方は、苦しみながらもご自身で研究を重ね、薬を服用せず、呼吸法やエクササイズによってうつ病から脱することに成功しました。彼はその経験を多くの人に知ってもらえるように、「薬に依存せずにうつから脱する方法」をカウンセリングを通して人に伝えることを最初の商品にして起業しました。
するとうつで悩んでいる人たちからカウンセリングの申し込みが殺到し、契約が次々に決まりました。ホームページへのアクセスも増え、そこからの広告収入も順調に伸ばしています。

「ハコ・機会の提供（スペース・チャンス系）」とは、テーマを決めて人を集め、条件でマッチングをしたり、イベントを開催したりといったビジネスです。 さまざまな場所や機会を商品として提供します。

友人の集まりや会社の飲み会などで、いつも幹事役になってしまう人は、この「ハコ・機会の提供（スペース・チャンス系）」の切り口から始めると、お手軽に感じられるかもしれません。

以前、こんな起業家がいました。

Sさんは、あるメーカーの営業員。活発な性格から、いつも友人の集まりやイベントになると幹事役を任せられるタイプです。本人も異業種交流会などで、いろんな人とかかわるのが好きだとか。

しかし、プライベートで飲み会やパーティーを主催しても、それをビジネスにして収入を得ることはなかなか難しいと感じていました。そこで、Sさんは、とあるお見合いパーティーのフランチャイズに加盟しました。フランチャイズの看板、信用力を利用すれば、最初の一歩が簡単になるだろうと考えたのです。

Sさんは、そのビジネスを順調に軌道に乗せ、現在では、自らサークルを立ち上げて、毎月30万円以上の収入を得られるようになりました。見事に「ハコ・機会の提供」の切り口で自分の性格を生かせるサービスをつくり、ビジネスを大きく成長させたのです。

「モノの提供（プロダクト系）」とは、手に触れるモノ（データファイルなどでも可）を、つくったり、仕入れたりして、販売するビジネスです。

実店舗を持たなくても、ネットショップやオークション、アプリなどを利用すれば、簡単にスタートすることができます。

売れるものをリサーチする能力がある方（目利き）や、他の人よりも早く、安く仕入れるルートを開拓できる方にとっては、モノの提供は手堅いビジネスになります。

私が運営している起業18の会員さんでも、たくさんの方がプロダクト系ビジネスに挑戦しています。

オリジナル日傘、ハワイアンドレス、プリザーブドフラワーなど、独自の商品を製造販売する方もいますし、中国のショッピングサイトから商品を仕入れ、日本の「アマゾン」や「ヤフオク！」で転売している方もいます。なかには、メーカーと直接交渉をして、独占販売権を勝ちとってしまった強者も（笑）。

ただ、投資資金の大きさ、在庫リスクなど、気になるところもありますので、注意が必要です。

「技術の提供（スキル・サービス系）」とは、自分が得意なことをやってあげることによって、お客様の悩みを解消するビジネスです。

お手軽にするためのポイントは、最近取得した資格スキルなどを使うのではなく、長く仕事や趣味などで使ってきた、「身についているスキル」を活かすことです。

ビジネスとして確立させるためには、スキルに才能をかけ合わせることが大切です。自らの才能が発揮できるビジネスをつくり出せれば、朝晩30分の仕事を継続することも、楽しくてまったく苦にならないでしょう。

私の知り合いに、ファイナンシャルプランナーの資格を持っている女性、Ｍさんがいます。Ｍさんは、ファイナンシャルプランナーとしての知識を、会社で担当している総務・経理の仕事に大いに役立てていましたが、その知識がそれ以外のことに役に立つとは、まったく考えていなかったそうです。

実は、Ｍさんは経理も得意なのですが、一方で文章を書くのが大好き。でも特に勉強をしたわけではなく、ただ、長年ブログを書いているだけでした。

ある日、「文章を書くことが好きなのであれば、それも仕事にしてみては？」と提案されたことがきっかけで、彼女は副業でできるウェブライターの仕事を探してみることにしました。

すると、たまたま、大手マスメディアが運営しているウェブのポータルサイトで、ウェブライターの仕事を見つけました。応募者が多く難しそうでしたが、ファイナンシャルプランナーの資格と組み合わせて、「お金系のライター」として活動できると先方に提案したところ、見事合格。現在は、自分のペースで、月4～5本の記事を投稿して、1日10万ページビューの人気記事をいくつも投稿。毎月、ライター仕事だけで10万円以上の収入を得ています。

独立につなげるためには、まだもうひと工夫必要ですが、現場の知識と好きなことや得意なことを組み合わせてお金を稼いでいるという意味で、立派な副業、自立へのステップと言えるでしょう。

「知識の提供（ノウハウ系）」ビジネスのつくり方

第3章で話した通り、「知識の提供（ノウハウ系）」ビジネスは、最も簡単に始められるビジネスの代表格で、低リスクで高利益なことも大きな特徴です。どうしてもアイデアが浮かばない、あるいは低リスクであることを重要視する方は、この切り口から始めてみましょう。

私がやっている起業支援のビジネスも、この「知識の提供（ノウハウ系）」ビジネスに相当します。

私は、自分自身が会社員時代にやってきた「会社を辞めずに朝晩30分だけ自分の会社を運営すること」を、「私もやりたい！」と思う方々にお伝えする仕事をしています。

このような自分の経験を体系化して伝えるビジネスは、会社員のまま無理なく始めるには、ピッタリです。

私の場合はさらに、「ハコ・機会の提供（スペース・チャンス系）」を組み合わせてセミナーや勉強会を提供したり、あなたに本書をご購入いただきましたように、「モノの提供（プロダクト系）」も組み合わせています。それらはすべて、経験がベースとなっているのです。

こう言うと、「そんな経験は自分にはない、難しい」と思う人がいるかもしれません。

しかし、それは勘違いです。赤ちゃんでもない限り、何もしたことがない人なんていません。

「人に教えられるような経験はない」と、できない理由を探してしまう方もいると思います（ドリームキラーに注意！）。

しかし、それも勘違いです。経験を伝える人は、皆、超一流でなければならないのでしょうか？　プロゴルファーもいれば、レッスンプロもいます。闘病経験などを語ってくれる人もいます。その人たち全員が、世界一なのでしょうか？

どの先生から習うのかは、お客様が決めることです。むしろ、失敗談を語れる先生のほうが、親しみやすくて人気者だったりします。あなたから教えて欲しいと思う理由は、あなたが決めることではないのです。

思い切ってやってみると、**自分の経験をまとめることは、それほど難しいことではありません。**むしろ、とても簡単なことです。

というのも、自分が過去に何かを学んだり、経験をしてきたことの「経緯（プロセス）」を思い出せれば、あとはそれをそのまま踏襲すればいいだけだからです。

例えば、カクテルづくりが好きで上手にできる人がいるとします。

いくら今、それが上手にできるとしても、最初からカクテルづくりができたわけではないでしょう。

最初は、基礎的なお酒の知識なども学んでいったはずです。そのあと、簡単なカクテルのレシピからスタートして、人気のカクテル、自分の好きなカクテルをマスターされたのでしょう。さらに高いレベルになれば、お客様の対応の仕方（接客）も学ぶと思います。教えてもらったことは、一気にやったわけではなく、「段階的に学んだ」はずです。つまり、その段階的に学んだことを、自分が学んだ通りにカリキュラムとして再現すればいいのです。

講座で学んだことをそのまま真似してしまうのは、さすがにまずいとは思いますが、知識を得てから、実際にカクテルづくりを繰り返して、さらに学んだ経験がたくさんあるはずです。

自分が学んだときより、ちょっと効率よく学べる、時間やお金、労力をショートカットする方法を盛り込めれば、それは立派な「ノウハウ」になります。欲しがる人もきっといるでしょう（だからこそ、自分で実践したことのない「ただの知識」では、説得力がないのです）。

私は、**自分の経験を教えるためのカリキュラムをつくる際に、学んだことを「100の階段に分ける」**ことをオススメしています。

１００の階段に分けてから、「ブログで無料公開するのは１～20段目まで」、低額コースの「初級編は21～40段目」、「中級編は41～60段目」、「上級編は61～80段目」、「プロ編は81～１００段目」、そこから上は、金額も最高レベルの「講師養成プログラム」など、階段を上がるごとにカリキュラムのレベルと受講料がステップアップするように組み立てるのです。

そして、これらのカリキュラムを、会社員のままでも提供できるように、動画にしたり、ＰＤＦにしたり、月一集合して開催する講座にしたりして、無理なく販売していきます。

販売といっても難しく考える必要はありません。インターネットを活用しましょう。

例えば、ブログを書いてみたり、セミナーや講座を売るのなら、「イベントフォース」のような告知サイトに情報を掲載しましょう。ノウハウ販売ではなく、現物の「モノ」を売るのなら、「ヤフーショッピング」や、「アマゾン」などにお店を出してみるといいでしょう。

・『イベントフォース』（http://eventforce.jp/）
・『ヤフーショッピング』（http://business.ec.yahoo.co.jp/shopping/）
・『アマゾン』（http://services.amazon.co.jp/services/sell-on-amazon/services-overview.html）

商品・サービスの決め手は、悩みの解決

会社員のまま始める小さなビジネスでは、商品・サービスのアイデアを出すために、大規模なマーケティングリサーチなどをする必要はありません。どうやって探せばいいのかと言えば、それは、「身近な人の悩みから類推していくこと」が、いちばん早くて効果的です。

そして、似たようなことをしている人がいるかどうかをネットで検索し、いればやってみてもいいでしょう。**ライバルがいるということはつまり、「需要がある」ということ**だからです。

ビジネスアイデアを考えるとき、一番避けるべきことは、「自分の妄想だけで突っ走ってしまうこと」です。

やはりビジネスですから、需要がないものは難しいと思います。求めている人がいなけ

れば、ボランティアもできません。だからこそ、ライバルチェックは必須なのです。

需要がありそうだとわかったとしても、行きすぎた妄想は大敵です。「身近な人の悩み」をしっかりと把握するようにしましょう。

例えば、田舎にカフェを出店したい人がいたとします。しかし、カフェを出店しても、場所が悪ければ、お客様がすぐにきてくれるわけではありません。また、そのお店の周囲に同じようなカフェがあれば、お客様は、そっちのお店に行ってしまうかもしれません。

しかし、近隣に住んでいる人たちが、集会をやったり、囲碁や将棋の同好会を開催したりするスペースが欲しいという要望を持っているとしたらどうでしょう？　カフェを貸切りにできるサービスを提供すれば、お客様がきてくれる確率が高まります。

「お客様の悩みを解決する」ということを念頭に置けば、お客様は興味を示してくれるのです。

カフェのような初期投資が大きいビジネスではなくても、アイデアを考えるときには、「悩みを解決する」という視点で考えるようにしてください。

とは言え、身近な人の悩みを調査することが難しいと感じるようでしたら、そのときは、第3章でも紹介した「真似」から始めます。つまり、すでにビジネスとして成立しているものをベースに考えるようにしてください。すでに成り立っているのですから、需要があると考えられるわけです。

例えば、インターネットでモノを販売するビジネスがあります。これと何か身近な人の悩みを組み合わせたら、新しいビジネスにならないでしょうか?

自分にそのような質問を投げかけると、いろいろなアイデアが出てくるはずです。

地方に住んでいるあなたの友達から、「好きなバンドのライブになかなか行けないので、ライブ限定のグッズを購入してきて欲しい」と依頼されたとします。

あなたは、友達に代ってライブに参加し、限定グッズを購入すれば、友達からお金をもらえるというわけです。

そこには身近なニーズがあったわけですから、もう少し対象を広げて、「限定グッズ購入代行ビジネス」にできないか考えてみるのです。あなたの友達と同じように、地方に住んでいてライブにこられないファン向けにビジネスができないか考えてみます。

日本のビジュアル系バンドやアイドルは海外でも人気ですから、外国人を対象にビジネスすることもできるかもしれません（権利問題などがありそうですが……）。

このように、身近な人の悩みや要望を解決できないかを考えてみると、いいアイデアが出てきます。

単なるアイデアを「商品化」する

まず決めるべき3つのこと

いろいろと考えてきたビジネスアイデアを、改めて整理し、明確にしていきましょう。

ここでやることは、**（1）商品・サービスの具体的内容の決定**、**（2）商品名の決定**、**（3）価格の決定**です。

まずは内容から決めていきます。その前に、商品は大きく2つに分けて考えますので、からご説明します。

とつ目は、**バックエンド商品**です。

れは、あなたがお客様に一番利用してもらいたいと考える商品・サービスで、高付加価値であり、故に高価格、高利益なものです。自分の強みを可能な限り盛り込んで、他社と徹底的に差別化します。

もし、「モノ」の販売などで、強みの付加や差別化が難しいと感じる場合でも、アフターサービス、取扱説明書、あるいは、ギフト梱包などの納品形態や販売方法などで、工夫できることがあるかもしれません。

2つ目は、**フロントエンド商品**です。

これは、バックエンド商品の価値をわかってもらうための、「お試し商品」です。未来のお客様（見込み客）に、「あなた自身や、商品の良さを知ってもらうための商品」と言うこともできます。

低額のセミナーだったり、無料お試しサンプル、無料試用期間だったりします。

もちろん、将来的にはこれら以外の商品もつくらなくてはいけませんが、まずはこの2つの商品をつくることから始めましょう。

まずはバックエンド商品の内容を文章にしてみましょう。そして次に、そのバックエンド商品を売るために、どのようなフロントエンド商品が必要になるのかを考え、商品の内容を明確に文章にしてください。

次に商品名を決めていきます。

よく間違えがちなのが、記号的な数字やアルファベットの型番、意味のわからない専門用語で名前をつけてしまうことです。間違いがないように型番を振るのはもちろん構いませんが、名前もきちんとつけておくようにしてください。

特に、インターネットを活用して商品を販売したとき、一般のお客様は、最初にその商品の名前を見て、興味があるかないかを判断をします。まずは名前を見て、自分に役に立つかもしれないと思えば、詳細ページに入って写真や説明を確認するのです。

最初によく伝わらない名前を見せてしまえば、気づかれずにスルーされてしまうかもしれません。そうなれば、購入いただける機会を、みすみす逃してしまうことになります。

名前のつけ方には、ポイントが3つあります。

ひとつは、「**商品の内容がわかりやすく伝わる名前であること**」。もうひとつは、「**お客**

様が自分の悩みを解決できそうだというイメージを持てる名前であること」。最後は、**「覚えやすい名前であること」**です。

この3つのポイントを意識して、商品名を決めましょう。

最後は価格です。

価格は、「売りやすい料金」を決めるのではありません。何を決めるのかと言えば、「提供する商品の価値に見合う対価」です。

ビジネスを立ち上げた当初は、自分に自信がないことが多く、提供している商品の価値よりも低い価格をつけてしまうことがあります。

しかし、きちんとお金をもらうことこそが、セルフイメージを高め、ビジネスを成功に導くために重要な行動になります。

「経験不足だからタダでいいよ」
「ランチをおごってくれたら、無料で教えるよ」
「友達だからお金なんかもらえないよ」

なんていうのはやめましょう。

またその逆で、根拠のない自信に溢れすぎてしまい、とんでもない高額にしてしまう人もいますが、そのどちらも正しくありません。

まったく同じ商品があり、価格を横並びに比較されてしまうのでしたら仕方ありませんが、そうではない場合、商品力はもちろん、あなたの信用力やブランドも価格に反映させなければなりません。

身近な人たちは、見たこともない遠くの有名人よりも、あなたのことを信用しているはずです。顧客との距離感も、重要な価格の判断基準です。安すぎてもいけませんし、誰も買えないほど高すぎてもいけません。

商品には、「価格から逆算されて感じる価値」もあります。高額なものほど価値を感じる人も少なくありません。あなたが勝手に判断するのではなく、お客様の頭の中にあるモノサシを知ることも大切なのです。

さて、具体的な数字で、それぞれの商品価格を設定してみましょう。

まずは、バックエンド商品からです。**バックエンド商品は、会社の業績をつくるメイン商品ですから、高額な（高利益になる）価格設定をします。**ただし、あなたもあなたの会社もまだ無名に近い存在ですから、最初から、「超高額」な価格設定をするのは難しいでしょう。

一例として、「講座」をインターネットを使って売るのであれば、10万円以下。フロントエンド商品を通じて、人間関係をしっかりと構築しつつ対面で販売するのでしたら、もう少し高額にできるかもしれません。

次に、フロントエンド商品です。**フロントエンド商品は、商品の良さを知ってもらうため、そして、あなたやあなたの会社を信用してもらうための「お試し商品」なので、低額に設定します。**利益を出す必要はありません。

よく、1円の損も出したくないと考えて、高額設定をしてしまう人がいますが、それは間違いです。「試してみたい」と思う人がいなくなり、そのままバックエンド商品を紹介する機会を失ってしまうことになります。

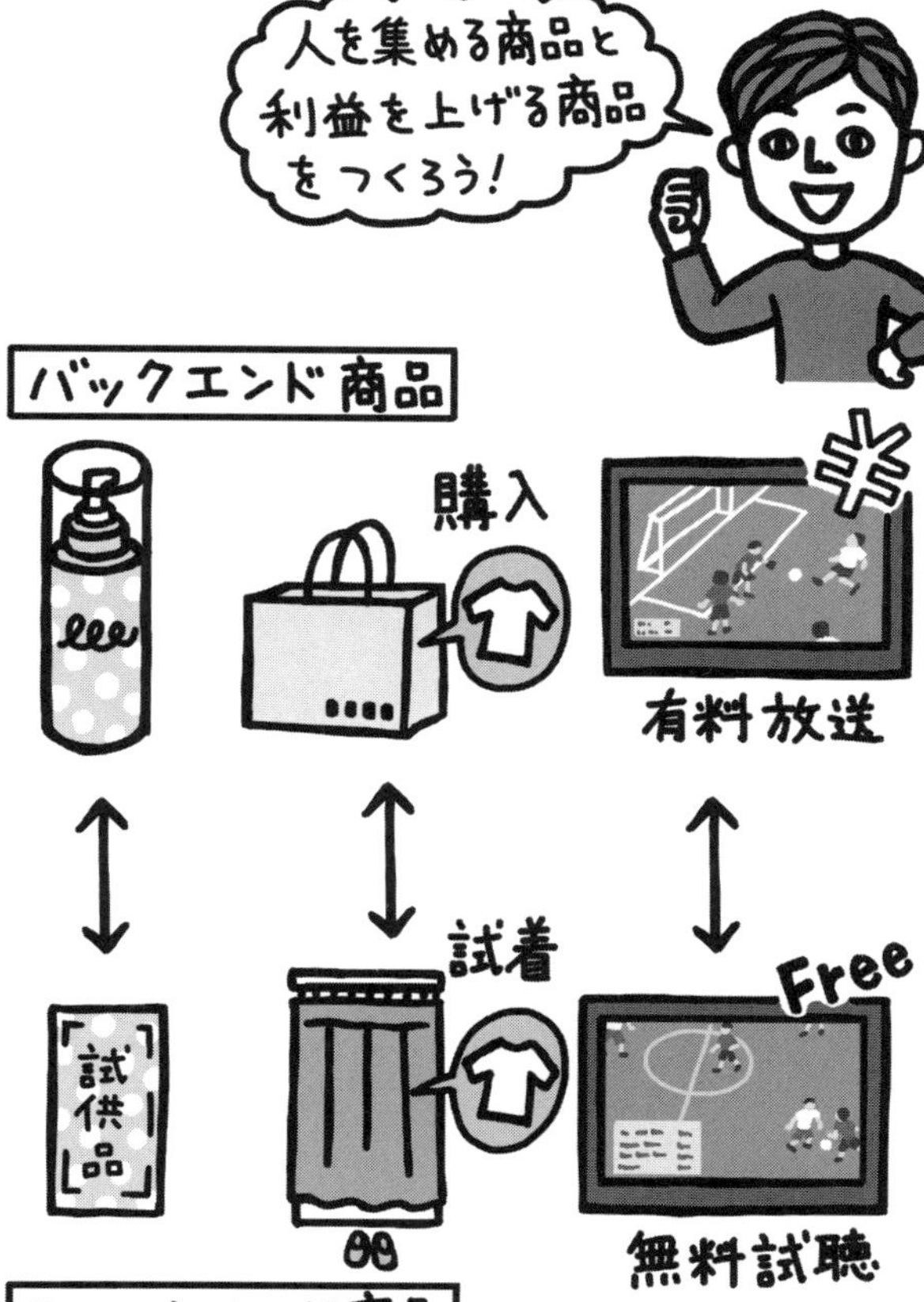
人を集める商品と
利益を上げる商品
をつくろう！
バックエンド商品
購入
¥
有料放送
試着
Free
試供品
無料試聴
フロントエンド商品

□ 具体的に、詳細を決める

商品の内容、名前、価格を決めたら、詳細な商品についての情報を文章にしていきましょう。

このときには、**いくつかのライバルとなりそうな会社のホームページを参考にしながら、必要な情報を漏れなく網羅していくようにしてください。**

情報が足りないとお客様は不安を感じるので、売ることが難しくなってしまいます。

文章に起こしてみると、まだまだ商品がつくり込めていないことに気づかれるでしょう。「そもそも、誰に向けた商品なんだっけ？」と思うこともあるかもしれません。

「ハコ・機会の提供（スペース・チャンス系）」なら具体的な会場選びや機会提供の方法、「モノの提供（プロダクト系）」なら具体的なスペックや写真、取扱説明書の準備、「技術の提供（スキル・サービス系）」なら提供方法、時間、場所、必要な設備、「知識の提供（ノウハウ系）」なら教科書や販売方法など、決めなければならないことがたくさんあります。

具体的には、以下のことを書き出してみましょう。

・商品名
・価格
・商品、サービスの概要
・仕様（色・サイズ・場所・時間など）
・納品形態（ＰＤＦファイル・動画・ＤＶＤ・教材＋２時間セミナーなど）
・納品方法（ダウンロード・郵送・セミナー開催・お客様宅にて作業など）

（以下は社内で使うための情報です）
・商品の種類（フロントエンド・バックエンドなど）
・告知方法（ホームページ・フェイスブックなど）
・受注方法（メールフォームにて・ＦＡＸにてなど）
・請求方法（請求書をメールで送信・ＰＡＹＰＡＬなど）
・回収方法（銀行振り込み・クレジットカードなど）

さらに商品を開発する

□3番目につくるべき商品とは？

最初の商品（バックエンド&フロントエンド）をつくったら、次の商品を考え、ラインナップを増やしていきましょう。安定的に売り上げをつくるためには、最低でも4つの商品があると安心です。

ビジネスは、売り上げを立てることから始まります。売り上げがなければ、経費を払うこともできませんし、利益を出すこともできません。

そこで、さらなる売り上げをつくるための、バックエンド&フロントエンドに続く、3番目の商品を持つ必要があります。**3番目につくる商品は、飲食店でイメージをするなら**

ば、「サイドメニュー」に相当する商品です。


なぜ、そこからなのでしょうか？

理由は簡単です。メインのメニューを2つ注文する人は少ないからです。

ラーメン屋さんに行って、一人で醤油ラーメンと味噌ラーメンを同時に食べる人は、滅多にいないでしょう。醤油ラーメンを食べるなら、サイドメニューでギョウザを注文したり、ウーロン茶やビールを飲んだり、メイン以外のメニューを注文するのではないでしょうか？


実際、飲食店を見てみると、サイドメニューで「客単価を上げる」ことによって、収益をあげているケースが多く見られます。

こういう販促手法を、**「クロスセル」**と言い、ハンバーガーを買う人にポテトを勧めたり、iPadを買った人にケースや液晶フィルムを勧めたり、液晶フィルムを買った人へさらに「フィルム貼り代行サービス」を勧めたりと、たくさんのお店で日々実践されている戦術です。

同じような戦術を、あなたのビジネスでも積極的に取り入れていきましょう。物販ではなくても、占いをするビジネスであれば、カウンセリングをするだけでなく、同時に鑑定書のような資料を販売したり、お守りグッズを販売したりするのです(ちょっと怪しい!)。

また、カウンセリング時間を延長するなどの方法もあります。ラーメンで言えば、大盛りにするようなことです。

このような販促手法を、「**アップセル**」と言います。こちらも、「あと50円追加でSをMサイズにできますがどうしますか?」など、店頭ではよく使われている手法です。

このように、客単価を上げていくために、同時に売れそうな、サイドメニューに相当する、「3つ目の商品」を考えてみましょう。

4番目につくるべき商品とは?

さて、商品にはフロントエンド商品とバックエンド商品の2つの種類があることは、すでにご理解いただけたと思いますが、実は、バックエンド商品は、さらに2種類に分けられるのです。

ひとつは、「**フロー型商品**」とも言われる、**スポット的な売り上げをつくる商品**です。その都度の取引で単発的に売り上げを立てるので、継続的な利益は得られません。一般的な飲食店のメニューは、典型的なフロー型商品です。

もうひとつは、「**ストック型商品**」と呼ばれる、**少額でも繰り返し売り上げを立てられる商品**です。顧客と月極契約を結んだり、会費を徴収したり、継続的な利益を得ることができる商品、サービスを指します。

ビジネスを安定成長させるためには、この2種類のバックエンド商品が必要なのです。

フロー型商品ばかりの飲食店に、ストック型商品を導入するとしたら、あなたならどうするでしょうか? おそらくは、会員制にしたり、定期購買の宅配サービスを導入したり、自分のお店をフランチャイズ化して、のれん代を徴収したりすれば、繰り返し収益をあげることができるでしょう。

これらフローとストック、２つの商品を組み合わせると、売り上げが伸び、経営が安定します。

安定したビジネスにならなければ、いつまで経っても副業のままです。会社員を卒業するためには、安定したビジネスを構築する必要があるのです。

つまり、**４番目につくるべき商品とは、ストック型の売り上げがつくれる商品です。**定期的に、繰り返し売り上げが立つ商品、例えば、毎月の顧問料、月会費、半年間の契約などです。

最初の商品はフロー型（高額バックエンドと、そのお試しの低額フロントエンド）商品、3番目はフロー型のサイドメニュー的商品、そして4番目がストック型（低額でもいいので定額を継続的にお支払いいただける）商品です。1～3番だけですと、収入が不安定になりがちですので、4つ目も用意し、お客様に順番にご案内できればベストです。

ファンはあなたの最強の味方

前述のように、売り上げの安定には、ストック型商品の開発が欠かせません。フリーランスや小さな会社の体力が弱いのは、このストック型商品がなく、運任せの単発案件の仕事に偏ってしまうことが原因のひとつになっています。

ですが、こんな話をしていると……、「何だか、だんだん難しくなってきた！　よくわからない！」と思う方もいらっしゃると思います。

たしかに、副業から始めて、いきなりの長期の顧問契約や、大規模な会員組織をつくることは簡単ではないでしょう。繰り返し買ってもらえるような消耗品も、最初は見つからないかもしれません。

ですが、あなたのファンや、ちょっとしたリピーターを増やしていくことなら、できるのではないでしょうか？

「8対2の法則」というイタリアの経済学者パレートが提唱した「ばらつきの法則」が

あります。この法則を応用して考えると、「売り上げの8割は、2割のファンがつくっている」とも言えなくもありません。

あなた自身や、あなたの商品、ブランドのファンの方が、繰り返し、長期間に渡りお客様でいてくれることで、あなたのビジネスは安定していきます。

ファンの方とはありがたいもので、他社に同じような商品があっても、惑わされずにあなたから購入してくれるのです。しかも、適切な商品・サービスが用意されていれば、繰り返し、長期に渡って購入をしてくれます。

「ストック型商品の開発」と言われてハードルが高く感じる方は、あなたの「ファン」をつくろうと、意識を変えてみてください。

難しいことはありません。お客様を心から想い、お客様の求めるサービスを、お客様の期待値を超えるレベルで提供すればいいのです。

ビジネスをスタートしよう！

3つの力をバランス良く高める（商品力×発信力×信用力）

さて、ここまできたら、最初の一歩を踏み出さない理由はありません。目標にする人や自身の棚卸と振り返りからビジネスアイデアを探して、そのアイデアを実現可能な大きさへ徹底的に小さくして、商品をつくって、朝晩30分で実行できるように工夫できたら、いよいよスタートです。

お客様に商品をご案内し、ビジネスを始めるわけですが、常に確認をして欲しいことがあります。それは、「3つの力、『商品力』、『発信力』、『信用力』を高め続ける」ことです。

商品力とは、商品の魅力や有用性のことです。

ここまであなたが考えてきた商品・サービスは、もしかすると、まったく売れないものかもしれません。あれがダメ、これが足りない、とたくさん意見をいただく可能性もあります。そんなときは、現実を受け止めて柔軟に改善、つまりは、商品をよりいいものにし、商品力を高めていって欲しいのです。独りよがりは禁物です。

発信力とは、情報を広く、深く発信する力です。

商品の情報だけでなく、自分の存在やブランドを人に知らせる力でもあります。会社員のまま始める際には、まずはホームページ、ブログやTwitter、Facebookなどを使うと簡単です。この発信力を常に高めていくことを意識してください。

信用力とは、そのものズバリ、信用される力です。

信用されていれば、商品は売れます。信用力を高めるにはいろいろな方法があります。まずは、いい商品を継続して売り続けて、実績をあげることです。その他にも、信用されている人や権威的な存在の人に紹介されたり、テレビや新聞などのマスメディアにとりあげられたり、出版したりすると信用力は高まります。

これから自分が実行していくことが、この3つの力のうちのどれを高めているのかを理解していると、バランス良く行動できるようになります。

商品ができたら人に知らせよう

商品は、つくっただけでは売れません。その存在と魅力を多くの人に知ってもらわなければ、誰も買おうとはしてくれないでしょう。

最初は、ホームページを持つことから始めると効果的ですが、ホームページをつくるだけで時間が経ってしまいそうな場合には、まずはブログやFacebookでも構わないので、何らかの情報発信をスタートするようにしてください。

ホームページをつくるときのポイントは、ビジネスネタが確定できていないうちはお金

をかけずに、無料サービスを利用して自分で制作することです。いきなり高額を投資して固めてしまうよりも、あれこれ試行錯誤することができるようにしておくことが肝心です。

こう言うと、「え？　得意じゃないことは、外注したほうがいいんじゃないの？」、「自分でホームページをつくるなんて、技術もないのに無理だよ！」と思うかもしれません。

しかし、ここで大切なことは、ホームページを持つことよりも、会社案内や商品の詳細説明、法律上の表記、お問い合わせ方法など、あなたが会社として準備しなくてはいけない情報を揃えておくことなのです。

まずは、ライバルになりそうな会社のホームページをよく読み込んでみましょう。さまざまな情報が書かれていると思います。会社案内はもちろん、経営者からの挨拶、プロフィール、商品の詳細説明、法律上の注意事項などもあるでしょう。

そのような情報を漏れなく発信するためにも、他社のホームページをチェックリストにしながら、自分で文章を書いていきましょう。

ホームページは以前、html言語を知らないとつくることが難しかったのですが、今では、初心者でも簡単につくることができるサービスが増えてきました。

おしゃれなテンプレートを使って、数時間でホームページをつくれる「Jimdo」もそうですし、ブログ型ホームページで有名な「ワードプレス」も、テンプレートを選んでテキストを入力するだけで、簡単にホームページを作成することができます。

それでも時間効率化のためにプロに頼みたいという方もいると思います。ビジネスアイデアが決まった場合には、もちろん構いません。というより、そのほうがいいでしょう。

ただし、**プロに依頼する場合には、デザイン系のWEB制作会社ではなく、「ビジネスの相談に応じてくれるマーケティング系の会社」に依頼するようにしてください。**ホームページはデザインよりも、中身が肝心です。

さらに知っておいて欲しいのは、自分でホームページをつくるにしても、プロに依頼するにしても、「中身の文章は自分で書かなければならない」ということです。ビジネスの相談に乗ってもらったとしても、情報を発信するのは、あくまでもあなた自身。朝晩30分で、頑張って積み上げていきましょう。

また、少し専門的なお話になりますが、**本格的にホームページをつくる際には、「独自ドメインを取得する」ようにしてください。**

独自ドメインとは、自分が所有するホームページのＵＲＬのことです。有料になりますが、年間で数千円程度です。

「お名前.com」などのサービスを利用すれば、簡単に取得できます。

独自ドメインを取得することで、ホームページサーバーを引っ越すことができるようになりますので、万が一、使っているＷＥＢサービスが閉鎖するようなことになっても安心です。小さな金額ですので、ぜひ投資しておきましょう。

・『Jimdo』（http://jp.jimdo.com）
・『ワードプレス』（https://ja.wordpress.com）
・『お名前.com』（http://www.onamae.com）

□ ホームページの文章の書き方

ホームページがいくら美しいデザインであっても、お客様はきてくれません。世の中には無数のホームページが存在し、そのほとんどは埋もれてしまっています。ホームページは、発見されてこそ価値があるのです。

発見してもらうためには、当然のことながら、掲載されている情報に価値がなければなりません。情報の質、量、鮮度、それらがとても大切です。

あなたがつくるホームページには、会社の宣伝ばかり載せるのではなく、未来のお客様（見込み客）のためになる情報、彼らが求めている情報を、たくさん掲載するようにしてください。そうすれば、自然に発見されるようになります。

まずは、見込み客にホームページを見つけてもらうこと、そして、フロントエンド商品の購入や、問い合わせ、資料請求、メールマガジンの読者登録など、何らかのアクションを起こしてもらうように、つくり込みをしていきましょう。

では、どうすれば見込み客が集まり、行動を起こしてくれるホームページになるのでしょうか？

151ページで述べた、「あなたの経験を教えるビジネス（知識の提供）を、100の階段に分ける」ということを思い出してください。そこで、「ブログで無料公開するのは1～20段目まで」とお伝えしましたように、ホームページには、「入り口の情報」をたくさん掲載するようにします。

情報の鮮度を保つ意味でも、ホームページにはブログ機能を持たせて、どんどん新しい情報を追加していくようにしましょう。

見込み客は、自分がその商品・サービスを購入したときに、どのような結果を得られるのか、ということをとても気にしています。

「騙されることはないか？」、「サービスがきちんと提供されるのか？」といったことから、「自分が望んでいる結果、成果を得ることができるのか？」ということまで、なるべく多くの事前情報を得て、確認したいと思っています。

そのような見込み客の疑問や不安や悩みに、きちんと答えているホームページが、売り上げを生んでくれるのです。

ホームページにたくさんの人を呼び込もう

前述したように、見込み客の疑問、不安、悩みに答えているホームページをつくることができれば、たくさんの見込み客が自然と集まってきます。多くは、検索エンジン経由でやってきてくれるでしょう。

さらに即効性を持たせるなら、ホームページのＵＲＬを、Twitter や Facebook などで共有してください。見込み客の悩みの解決に役に立つ情報があるホームページならば、たくさんの人が「いいね！」や「シェア」、「リツイート」をしてくれるので、よりたくさんの人が集まってくるようになります。

ただし、少しだけ注意が必要です。あなたのFacebookや、その他のＳＮＳのアカウントは、会社の人とつながっているかもしれません。もしそうであれば、あなたが副業の情報を投稿してしまうと、悪いウワサのネタにもされかねませんし、最悪の場合は会社にバレて、面倒なことになる可能性もあります。

そこで、会社の人に知られていない新しいアカウントを使ったり、Twitterなどの本名を出さずに利用できるものを使いましょう。

情報発信を始めると、次第に世の中の人から反応を得ることができるようになってきます。Facebookにメッセージがきたり、ホームページに問い合わせが入ってきたりするはずです。

もちろん、最初はビジネスの経験がほとんどないわけですから、対応に戸惑うことばかりでしょう。ひょっとすると、「回答が遅い！」、「電話に出ない！」などと、クレームになってしまうこともあるかもしれません。

しかし、そうした経験の一つひとつを糧として、商品を改善し、サービスや品質を向上させればいいのです。そうすれば、必ずいい結果につながっていきます。

朝晩30分の使い方

優先順位を決める

朝晩30分、暇なときには長く感じることもあるスキマ時間ですが、特に出勤前の朝の時間は、あっという間にすぎてしまいます。ここはきちんと予定通りに作業をこなしたいところです。

大事なのは、その日の「急ぎのこと」をするのではなく、あなたにとって「大切なこと」から優先的に取り組むことです。

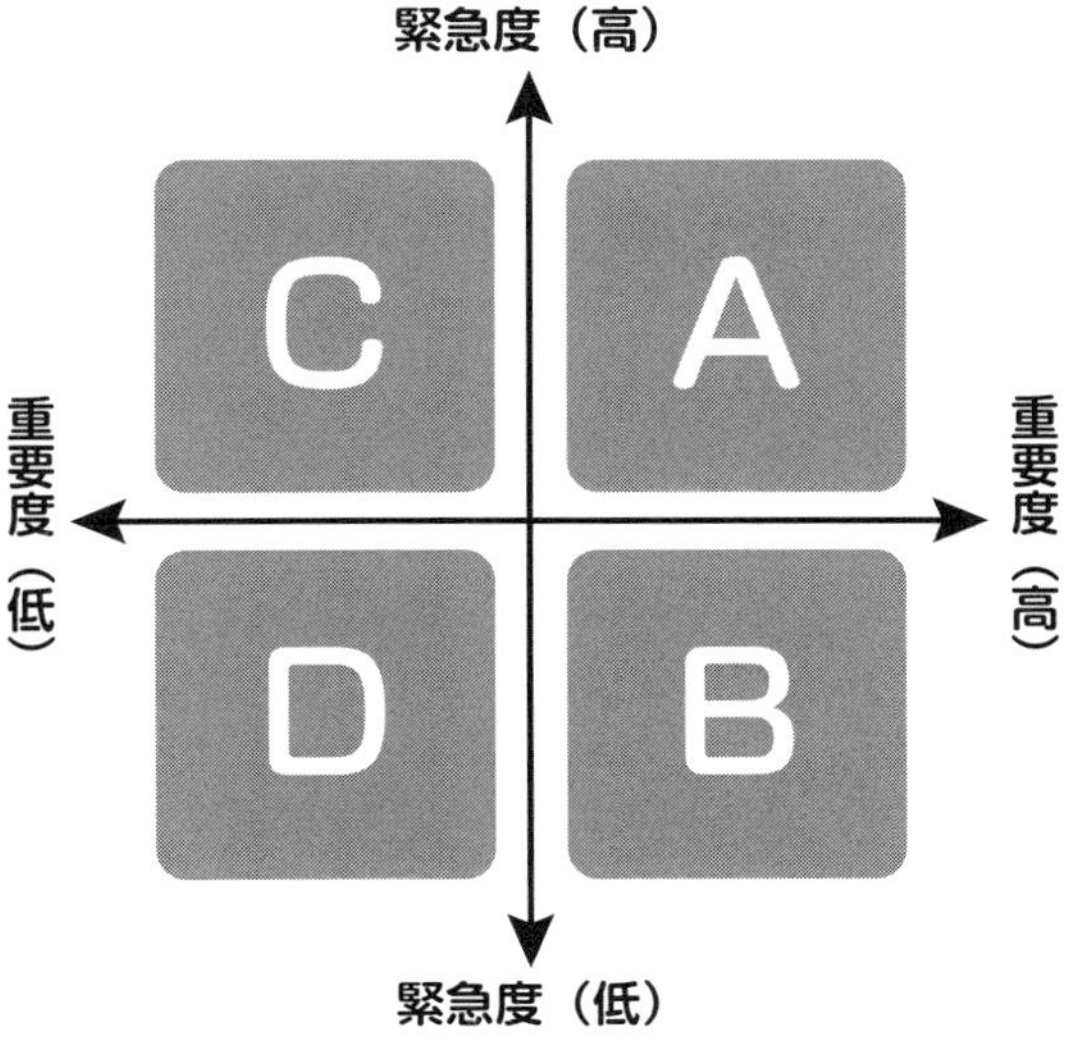

図のＡＢＣＤの順番に時間を使ってこそ、あなたは大切な「こと」、「もの」を手に入れることができるようになります。

まずは、あなたにとって何が大事なのか、何が急ぎなのかを、分類してみましょう。

人によって、どのようなことをＡ～Ｄに振り分けるかは異なります。起業を目指す人の振り分けは、例えば、以下のようになっているかもしれません。

Ａ＝緊急度：高＆重要度：高
家族、恋人の問題、病気、事故のケアなど

Ｂ＝緊急度：低＆重要度：高
副業のこと、夢を叶えるためにやること、情報発信など

Ｃ＝緊急度：高＆重要度：低
日々の仕事、プライベートの用事、その他の急用など

D＝緊急度：低＆重要度：低
飲み会、プライベートのSNS、旅行など

しかし、そう振り分けてはいても、実際の行動はCとDに結構な時間を割いてしまっているのではないでしょうか？　ここに、あなたの起業に対する価値観が現れています。

「起業したい」、「自分にとって重要だ」と言っていても、実際、ちょっと用事が入れば起業の準備は後回し……そんなことになっていませんか？　夢を最重要と考えるか、現状維持を最重要とするかによって、時間の使い方は大きく変わってきます。


「A」の家族や健康のことは生活の中で常に意識をしてください。そして、朝晩30分の時間は、「B」に振り分けたことをする時間として使ってください。

そのためには、「副業や夢を叶えるためにやること」を必ず「B」振り分けます。あなたにとって極めて重要であると意識することで、時間の使い方を変えていくのです。

朝晩30分の時間はこう使う（例）

こで、朝晩30分の使い方の例をご紹介します。このすべてをやる必要はありません。どれかひとつ、あるいは2つを選んで、一歩ずつ進めてみましょう。

例1・ビジネスアイデアを見つける前

（朝の30分）

①その日、自分がどのような情報が欲しいのかを考える
②①を手帳に書き出し、自分自身に質問を投げかける
③通勤時間に中吊り広告や駅の看板を見てヒントを得る

（夜の30分）

①その日の気づきをノートにまとめる
②自分の好きなこと、強みなどについて考える
③独立している人のブログを読んでみる

例2・ビジネスアイデアを見つけたあと

（朝の30分）

①誰に何を売るのかを考える（ブログやYahoo! 知恵袋などをリサーチ）
②似たようなビジネスをしている人のブログを読む
③インフラの準備（銀行口座開設やSNSアカウント開設など）をする

（夜の30分）

①その日の気づきをノートにまとめる
②ライバルの商品をリサーチする
③商品をつくる

例３・ビジネスをつくったあと

（朝の30分）

①ブログやＳＮＳから発信をする

②メールチェック、顧客対応、事務処理をする

③新しい企画を考える

（夜の30分）

①ブログやＳＮＳから発信をする

②メールチェック、顧客対応、事務処理をする

③サービス提供をする（足りない場合は週末の１日を使う）

朝晩30分で始められるビジネス（例）

会社員のまま、朝晩30分の時間で進めることができるビジネスには、一体どのようなも

のがあるのでしょうか？　ここで、私が運営している起業18の会員さんが始めたビジネスの一例をご紹介します。

これらのビジネスは、会員さんがこの先ずっと、一生やっていくビジネスではないかもしれません。いえ、むしろ、0を1に変える「最初の一歩」の練習と言ったほうがいいでしょう。それでも、0と1には、とてつもなく大きな差があります。まずやってみることが大切です。

◯知識の提供（ノウハウ系）

カウンセラー系（恋愛・自立・性の悩み・家族関係など）
占い・スピリチュアル系（タロット・風水・占星術など）
コンサルタント系（WEB・キャリア・マーケティングなど）
※動画を組み合わせるなど、なるべく時間の負担を軽くする仕組みをつくりましょう。

〇ハコ・機会の提供（スペース・チャンス系）

スクール運営系（幼児教育・中国語教室・ものづくり教室など）
イベント運営系（キャンプ・婚活・異業種交流会など）
サイト運営系（マッチング・ＷＥＢサービス・旅のポータルサイトなど）

〇モノの提供（プロダクト系）

手づくり品販売系（日傘・ドレス・プリザーブドフラワーなど）
オークション転売系（カメラ・カバン・人形など）
オリジナル商品企画販売系（文房具・ペット服・ワンピースなど）

〇技術の提供（スキル・サービス系）

ネット作業代行系（アプリ開発・ＷＥＢ制作・動画制作など）
リアル作業代行系（お掃除代行・マーケティングリサーチ・翻訳など）
その他代行系（恋人代行・話し相手代行・母親代行など）

コラム：小さな声の後ろには、たくさんの人がいる

鍋パーティーからビジネスを始めた、都内の水産大学出身のMさん。築地で卸売会社に就職したあと、IT系の企業に就職されたという異色の経歴をお持ちの方です。

築地の卸売会社にいたときにできた市場の人脈で、新鮮なあんこうを格安で大量に仕入れることができるようになったMさん。しかし、自分一人では食べ切れないので、親しい友人を中心にあんこう鍋のパーティーを開催しました。すると、それが大好評。友人づてでウワサが広がり、鍋パーティー開催の希望がかなり増えたそうです。

当初、自宅で行っていたパーティーでしたが、人数が多くなりすぎたので、レンタルスペースを借り切って開催することになりました。

新鮮で旬な魚介類を異業種の人と食べる機会など、会社員になってしまえば滅多にないことでしょう。あるとしても、会社の忘年会や同僚と居酒屋に行くときぐらいですよね。

会社の外の人とおつき合いをしたいという人は多いのですが、共通の話題には意外と

苦労するもの。おいしいものを食べるという、ゆるい結びつきがとても具合が良かったようです。

数人の要望からスタートした鍋パーティーですが、現在では、延べ1000人以上の方が参加する大イベントになりました。

さらに、ビジネスは広がっています。主婦から魚の調理についての悩みを聞いた彼は、楽しく料理の練習できるイベントを次々と開催。「Facebookから情報を発信し、現在では、単身赴任の会社員や、花嫁修行中の女性など、さまざまな方から支持を得て、開催すれば常に満席になる人気のイベントになっています。

たった数人の悩みや要望からスタートしたビジネスですが、それが着実に成長しています。

ビジネスとはつまり、「お客様の悩みを解決して差し上げること」、そして、「商品、サービスの存在をたくさんの人に知ってもらうこと」に尽きるという証拠でしょう。

また、「一人のお客様の後ろには1000人の、同じ悩み、要望を抱いたお客様がいる」ということの証明でもあります。

第5章

「起業」から「独立」へ
夢を現実にする
次のステップ

業務を見える化する

マニュアル化をすると効率的になる

少しずつお客様がついてきたら、次に行うことは、「業務のマニュアル化」です。今は試行錯誤でやっていたり、これまでその場しのぎでバタバタとやってきたりした業務を、明確に文章にしていきます。

「マニュアル化か……。面倒だな」

そのお気持ち、よくわかります。ですが、そんなに詳細なマニュアルでなくても大丈夫です。ＴＯＤＯリストくらいの感覚です。箇条書きで番号を振っていって、作業に漏れがないようにしておくだけで充分です。

「マニュアル化」の最大のメリットは、「頭が整理されること」、そして完成すれば、「考えなくてもできる」ようになることです。つまり、マニュアルを見ながら作業すれば「脳が疲れにくい」のです。

マニュアルがあれば、会社から帰ったあとの疲れた状態でも、移動時間中などの深く考えている暇がないスキマ時間でも、比較的軽い負担で、効率良く作業をすることができます。業務のマニュアル化は、朝晩30分でビジネスをするためには、必須と言っていいでしょう。

第3章で、物事を継続するには、少ない労力で実践できるようにすることと、お話ししましたが、マニュアル化やチェックリスト化をすることで、それが実現できるようになります。

マニュアル化のメリットは他にもあります。マニュアルは「業務引継ぎ書」としても使えるので、「外部パートナーに、簡単に仕事を委託することができるようになる」のです。

外注費が発生すれば、一時的に利益は減ってしまうこともあるかもしれませんが、あなたの自由時間は増えます。そうなれば、これまで以上に無理なく副業を継続できますし、売り上げ拡大のために、より力を振り分けることができるようにもなるでしょう。

マニュアル化によるメリットは、アウトソーシングの簡略化に限りません。

例えば、経験を教える「知恵の提供」ビジネスでも、自分が講師として話をしているところを動画で撮影しておけば、講師を養成したい場合などに、マニュアルとして使えるようになります。もしかすると、その動画が商品になることもあり得ます。そうなれば、自分が動かなくても売り上げをあげることができるようになるのです。

その撮影作業も、カメラの設定方法や編集のやり方をマニュアル化しておけば、次回に撮影するときも、「あのときはどうしたっけ?」などと無駄に考えることなく、スムーズに作業をすることができるでしょう。

□物・お金・書類・情報の流れを見える化する

本業を持っていても問題なく、朝晩30分で業務を遂行できるようにするためには、業務を効率化しておくことが大切です。コストダウンにもつながりますので、ぜひ、この段階で効率化に挑戦してみましょう。

効率化をするためには、最初に仕事の全体像を把握しておく必要があります。

まずは、「通常業務のフローチャート」を作成してみましょう。**「物の流れ」、「お金の流れ」、「書類の流れ」、「情報の流れ」を整理して紙に書き起こしてみると、不要な部分や非効率な部分が見えてくるはずです。**自分が得意ではない、「優先的にアウトソーシングをするべき部分」もわかってきます。

例えば、こんなお話があります。

海外のオークションサイト「eBay」を使った輸出ビジネスをしていたMさんは、以前は何の疑いもなく、自分で仕入れた商品を検品、梱包し、「eBay」で受注したら、商品を自分で郵便局に持ち込んで、海外に発送していました。しかし、休日の時間がとられてしまうことが苦痛になり、改めてルーチンワークをフローチャートに書き起こしてみたところ、梱包と発送の作業をカットできれば、精神的に負担を感じていた仕事の8割がなくなることがわかったそうです。

自分の時間を増やせて、家族サービスもできるようになる。Mさんは迷わず、パート社員を採用し、梱包・発送マニュアルを渡し、自由な時間を手に入れました。

今は取り扱い商品数を拡充させ、パート社員の人件費を充分まかなえる利益を出せているそうです。

インフラを組み合わせて営業力を強化する

第4章で、2種類の商品について説明しました。「フロントエンド商品」と「バックエンド商品」です。「クロスセル」、「アップセル」、「フロー」と「ストック」についても、簡単にお話ししました。それらを、次の図のように、1枚の紙の上にまとめておきましょう。

講座ビジネス（ノウハウ＋スペース）の例

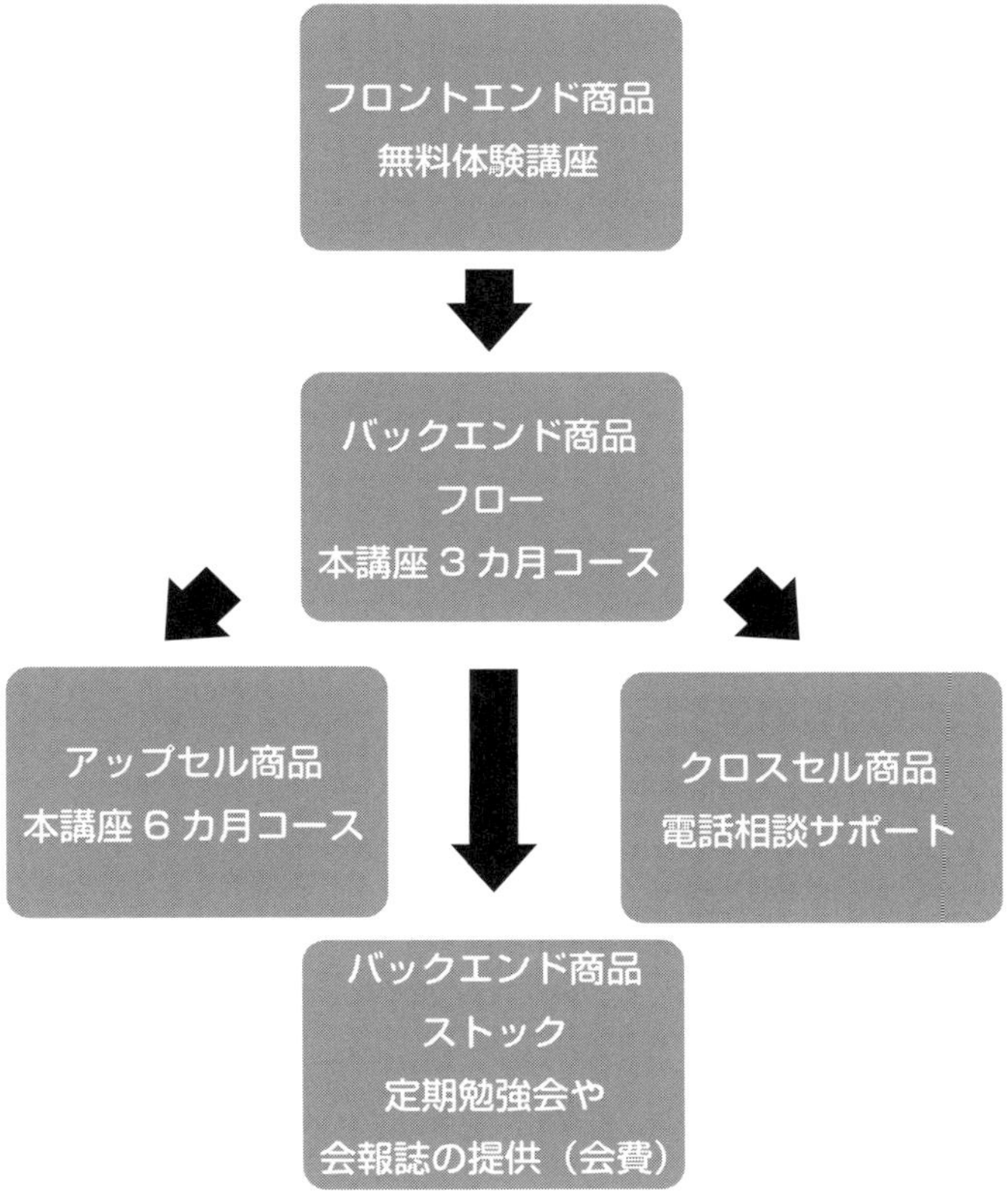

すると、セールス・プロモーションの進め方や、強化しなければならない部分がわかってきます。

先ほどまとめた商品の組み合わせの図に、集客・営業インフラの導線を書き足します。会社員のまま副業を始めるのですから、いわゆる本業の会社がやっているような営業活動をあなた自身で行うことは、非常に困難でしょう。ビジネスパートナーと組むのか、インターネットで集客するのか、コミュニティーに参加して、人から紹介を受けるのかなど、可能性のある導線を書き出しておきましょう。それぞれどのように強化していくのかを考えます。

営業力を強化するインフラは、ホームページやSNSだけではありません。メールマガジンや動画も活用できます。チラシ、名刺、フライヤー、パワーポイントのプレゼンテーション資料、書籍など、さまざまなものがあります。

これらを**可視化して一覧性のある資料にすることで、忘れることなく、バランス良くテコ入れをすることができるようになります。**

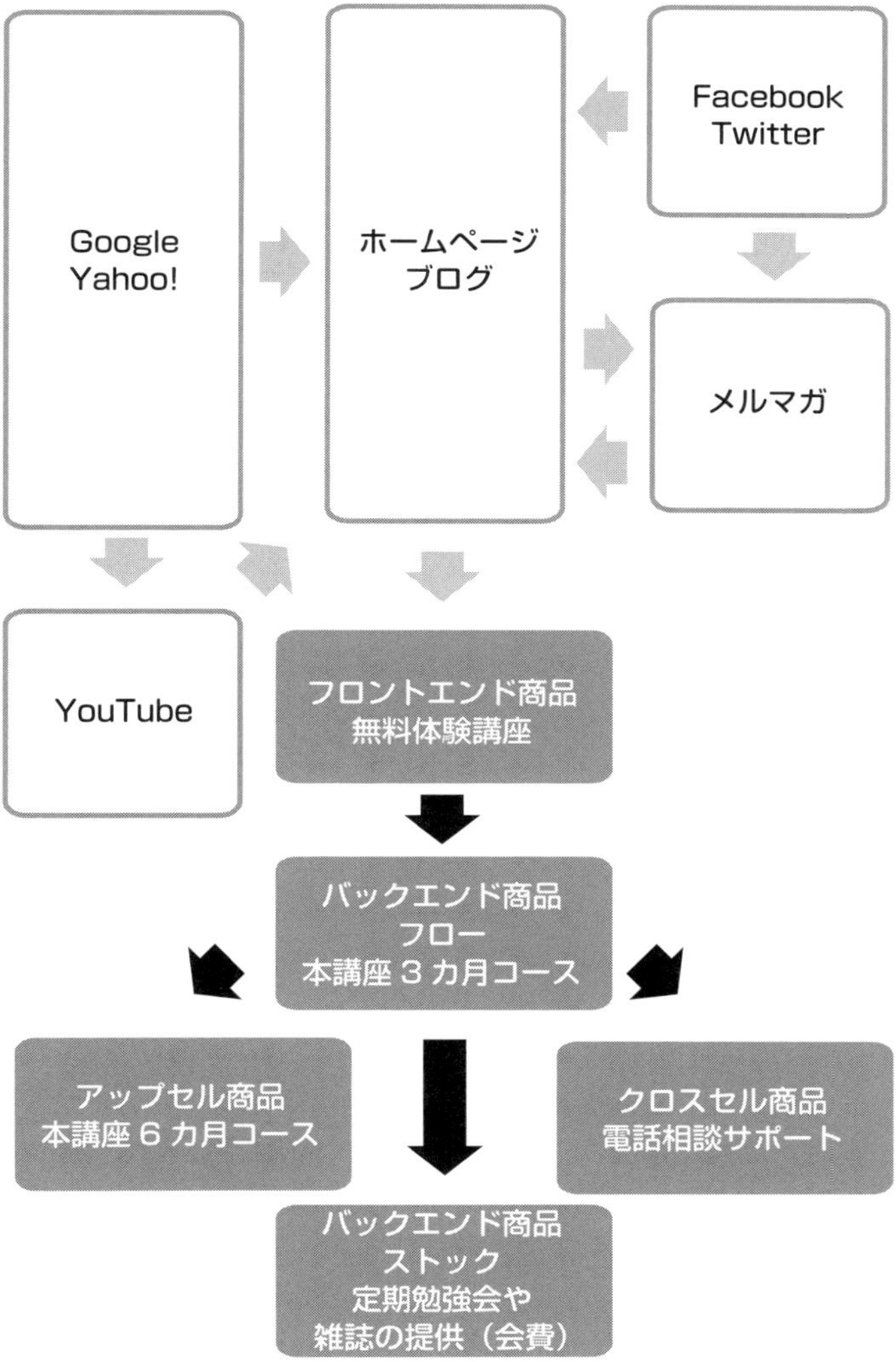
Google
Yahoo!
ホームページ
ブログ
Facebook
Twitter
メルマガ
YouTube
フロントエンド商品
無料体験講座
バックエンド商品
フロー
本講座３カ月コース
アップセル商品
本講座６カ月コース
クロスセル商品
電話相談サポート
バックエンド商品
ストック
定期勉強会や
雑誌の提供（会費）

仲間と一緒に仕事をする

アウトソーシングとビジネスパートナー

先述のように、マニュアル化を進めると、業務をスムーズに外部委託できるようになります。ここで少しだけ、外部委託、つまり、パートナーと組むメリットとデメリットについて触れておこうと思います（友だち同士で起業するという意味ではありません）。

パートナーと言うと、古いタイプの起業家さんからは、「経営者は一人だ。起業は一人でするものだ。人を頼っているうちは、成功なんかしない！」などと怒られてしまうことがあるのですが、それは勘違いです。

あなたの本業の会社だって、あなたを雇用しているのです。あなたは立場的には社員かもしれませんが、社長のビジネスパートナーだとも言えるのです。

副業として小さく始めているときには、いきなり社員を雇うことは難しいでしょう。ですから、身の丈に合ったやり方を選んだり、組み合わせたりするといいでしょう。

パートナーをつくるひとつの方法として「アウトソーシング」があります。

アウトソーシングにも、「こちらがプロセスの詳細まで指示を出すもの」と、「一定の権限を与えて成果のみを要求するもの」とがありますが、どちらにしても主従の関係があるパートナーシップ契約になります。

今ではクラウドソーシングも一般化しており、「ランサーズ」などのサイトから、すぐに外注できるプロフェッショナルを探すことができるようになりました。

アウトソーシングは、お金の投資さえできるのならば、すぐに利用することができます。名刺やチラシ、ホームページ制作など、**特別なスキルや時間短縮を必要とするときは、積極的に投資して、プロフェッショナルの力を借りるようにしましょう。**

もうひとつの方法として、いわゆる**「提携」と言われる「ビジネスパートナー」**があります。

こちらは、ほとんどの場合、対等のパートナーシップになります。ひとつの会社や協会を設立する場合もありますが、小さな会社同士では、プロジェクト単位でアライアンスを組んで、それぞれが異なる役割を果たすといったやり方がよく見られます。

例えば、一緒にセミナーを開催して、一人が集客を担当し、一人がコンテンツ制作と講師を担当したりするやり方です。

会社員のまま副業からビジネスを始める方にとっては、ビジネスパートナーを持つことは大きなメリットがあります。

ビジネスパートナーを持つ最大のメリットは、「行動力が生まれること」です。一人ですべてやろうとすると心も体も動かなかったものが、仲間と一緒にやると責任感やコミットメントが生まれ、とたんに動けるようになったり、決められるようになったりします。

実績のないうちから組んでもらうことは難しいかもしれませんが、軌道に乗ってきたときには、積極的に考えていくべきでしょう。

アウトソーシングもビジネスパートナーも、一人ではなく、二人探すことがオススメです。パートナーも一人ひとりできることが違いますし、何かあったときはもう一人がピンチヒッターとして助けてくれるからです。

また、一人のパートナーへの依存度が高まりすぎてしまうと、その人が相手をしてくれなくなってしまったら、それで終わってしまいます。

・『ランサーズ』(http://www.lancers.jp/)

□ビジネスパートナーとの接し方

基本的にパートナーとして組む相手は、自分と同じような価値観を持っている、精神的にも経済的にも自立した人に限定するようにしてください。これにはいくつか理由があるのですが、自分と価値観が離れている相手と仕事をしていると、揉めごとになったり、ストレスがたまったりしがちです。

依存心が高い人に頼られるのは負担になりますし、起業家の卵同士でつるんでいても成長がありません。

パートナーを見つける方法は、経営者が集まるセミナーや交流会で探してもいいですし、

ある程度ビジネスが回っている状態であれば、自分のお客様の中から見つけるのもいい方法です。いずれにしても優秀なパートナーに出会うためには、より多くの人に出会う必要があります。

自身の棚卸しをすると、同時に自分の価値観や自分の仕事のスタイルに気がつくと思います。

自分の価値観や仕事のスタイルに合う人で、自分が持っていないスキルや才能を持っている人を探しましょう。「この人の考え方に共感できるな」とか「この人とだったら一緒にやっていけそうだ」とか、「この人からいろいろ学びたい」というイメージができれば、積極的にアプローチをするべきです。

例えば、あなたが営業や集客が苦手だとしたら、たくさんの顧客を持っている人にアプローチをするといいでしょう。その人の人脈にあなたを紹介してもらえれば、多くの人に自分のことを知ってもらうことができます。

また、すでに独立している人と組んで、あなたの会社の代理店になってもらうことができれば、あなたは世の中に顔や名前を出さずとも、信用力を落とさずにビジネスをすることができます。さらに、昼間の時間の対応ができなくても、その時間帯にフォローしてもらうこともできるでしょう。

アプローチをするときに考えなければいけないことは、「ギブアンドテイク」ではなく、「ギブギブギブ」の精神で臨むということです。自分はビジネスの世界では格下なわけですし、自分の利益を考えていると、目上の人は動いてくれません。

最初は徹底的に相手を利するつもりで、さらに見返りなどいらないという気持ちで、懐に飛び込みましょう。

やってはいけないパートナーシップの形

パートナーづくりが役に立つからといって、何でもOKということはありません。やってはいけないパートナーシップの形というのも存在しています。それは、「下請け」になることです。

下請けとは、「他の会社からアウトソーシングされる立場になる」ことです。弱い立場で仕事を請けるので、いらなくなったら消耗部品のようにポイ捨てされてしまいます。

下請けとして傘下に入ると、どうしてもオイシイ部分は、すべてビジネスモデルを考えた人（オーナー）に吸いとられてしまいます。 結局、自分がそのオーナーのために、その人の何倍も努力をしているにもかかわらず、スズメの涙程度の収益しか得られないということになるのです。

本部に文句が言えず、同じコンビニチェーン同士の競争で苦しんでいる店長のニュースなどもよく見ますよね。

本書を読んでいただいている皆さんは、下請けをするのではなく、対等のパートナーシップを組むか、自分がオーナーのポジションになることを目指してください。

情報発信力を最大化する

広告宣伝に投資する

さて、ここまでくると、もうビジネスが動き出している、あるいは動き出せる状態になっているはずです。飛行機が滑走路を走り出している感じですね。いよいよ、会社を退職することも視野に入ってきます。

ところが、せっかくここまで頑張ってきたのに、躓いてしまう人がいるのです。それはどんな人かと言うと、「副業で得た利益を『消費』に回してしまう人」、そして「絶対に投資をしようとしない人（すべて無料でやろうとする人）」です。

「副業で得た利益を『消費』に回してしまう人」とは、会社員を続けていればお給料が入ってくるので、副業で得た利益を自分のポケットマネーにして、遊びや娯楽に使ってしまう人のことです。しかし、それではビジネスはいつまでも小さいままです。ビジネスを成長させ、本業の収入を上回るようにするためには、事業への「投資」が必要です。

一方、「絶対に投資をしようとしない人（すべて無料でやろうとする人）」とは、この期に及んですべて無料で済まそうと、一切プロの手を借りようとしない人です。ホームページもチラシも、極めてクオリティの低い手づくり作品になっていることが多く、独立後に集客し続けられるかどうか、怪しい状況になっています。

独立を見据えるタイミングがきたら、投資をして欲しいのが、独立後につなぐための「広告宣伝」です。**ホームページはもちろん、チラシや名刺など、支出を回収できる価値のあるもの、つまり見込み客を集めるための広告素材に投資をしてください。**

会社を辞める前であれば、まだ失敗は許されます。だから、このタイミングで、広告に投資をしてみましょう。「会社を辞めても食べていけるだけの受注ができるのか？」を確かめる絶好の機会です。

広告によってたくさんの見込み客を集めておくことができれば、それは独立後につながる有益な投資になります。

Facebook広告、PPC広告を活用する

見込み客が集まるかどうかを判断するために、まずは、Facebook広告を活用してみましょう

Facebook広告とは、パソコン版で言えば、Facebookのニュースフィードや右カラム（右の縦方向に並ぶ列のこと）に表示させることができる有料広告のことです。

「ニュースフィード」とは、中央の列にあって、あなたがFacebookでフォローしている人やFacebook Pageからの記事で常時アップデートされるもの。そこに広告を表示させることによって、自分のFacebook Pageやイベント、ホームページやブログ記事に誘導することができます。

Facebook広告の魅力は、比較的安価に利用できること。そして、どのような人に向かって広告を配信したいかという設定を細かく指定することができるため、見込み客に的確に情報を届けられることです。

Facebook広告を配信するためには、クレジットカードを登録し、ターゲット、予算、配信期間を決めればOKです。

ターゲットは、地域、年齢、性別、言語、趣味、関心、行動、つながりなどを設定することができ、予算は、1日あたりで設定できる「1日の予算」と、一定の期間で設定できる「通算予算」の2種類があります。

広告は自分で投稿します。動画やテキストも利用できますが、せっかくホームページをつくったのなら、

Facebook広告

ホームページ内の無料、または格安の「フロントエンド商品」の解説ページのURLをFacebook Pageで紹介しましょう。その投稿を拡散させると、集客もできる上、間接的にホームページの独自ドメインの強化にもつながり一石二鳥です。

間違っても、バックエンド商品の紹介はしないように注意してください。いきなり高級品をアピールしても、決して売れません。

Facebook広告経由で、メールマガジンの登録や、フロントエンド商品の購入（例えば、2〜3千円ほどの体験レッスンなどに、狙ったターゲットからのお申込み）があれば、その商品は売れるだろうと判断する目安になります。

逆に、無料なのにまったく反応がないなら、その商品は見直さなければならないと判断せざるを得ません。狙うべきターゲットが違うのか、名前が伝わりにくいのか、そもそも商品の内容が良くないのか、手ごたえを摑めるまで、検証を繰り返していくことになります。

利益が十分に出ている状態になったら、ＰＰＣにも挑戦してみるといいでしょう。

ＰＰＣとは、「Pay Per Click」の略で、「クリック課金型」広告を意味します。検索エンジンの利用者などがその広告をクリックすると、その回数に応じて課金されるというものです。代表的なものには、「グーグルアドワーズ」や「ヤフープロモーション広告」があります。

ＰＰＣ広告は、最近では費用が高騰し、マーケティング初心者や小規模事業者には、他のインターネット広告と比べてハードルが高いものになっています。資金力が増し、マーケティングの戦略が固まってからの挑戦でも遅くはありませんので、将来的に導入することを計画してください。

地域性の高いビジネスならチラシを使う

最近では、自宅でサロンを開業する女性、「サロネーゼ」が増えています。ネイルサロンやエステサロン、リフレクソロジーなどのお店を、副業として自宅で開業し、趣味と実益を兼ねて楽しんでいる女性たちです。

当然のことながら、立派なサロンを立ち上げても、集客しなければただの自己満足で終わってしまいます。サロンは店舗型のビジネスですので、全国からお客様を呼び寄せられるようになるには、よほどのブランド力が必要になります。ですから、まずは地元の地域のお客様をお相手することになるでしょう。

このように**地域性の高くなるビジネスには、ネット広告よりも、紙のチラシの方が即効性がある場合があります。**

サロンであるならば、インターネットで広範囲へ告知する場合には「ホットペッパービューティー」などのメジャーな媒体を利用し、ご近所の方には紙のチラシを渡すようにしてみましょう。ご近所の飲食店などにご挨拶に行き、チラシを置いてもらうのも効果的ですね。

チラシ作成というと、自分で手書きしたり、ちょっとしたパソコンソフトを使ってつくったりすることをイメージされたかもしれません。しかし、ここは**プロに依頼してつくることを検討してみましょう。**

キャッチコピーや心を動かすデザインなど、一度、効果の高いものをプロにつくってもらえれば、この先もずっと使える、有効な集客ツールになります。

なお、**有料広告を使った場合には、お客様がどのような媒体を経由してやってきたのかを、トレースしておきましょう。**

インターネットからの申し込みであれば、ログを見ればおおよそのことはわかります。電話やメール、直接店舗に来店いただいた場合には、「何を見て、こちらをお知りになられましたか?」と一言、聞いてみましょう。次回に広告を打つ際に、大いに参考になり、コスト削減にもつながります。必ずチェックしてください。

マスメディアを活用する

ホームページなどの「自社メディア」、Facebook、Twitter などSNSからの情報発信を続けていると、テレビ、ラジオ、新聞、雑誌、書籍の出版社など、「マスメディア」の眼にとまることがあります。

マスメディアへ露出できることになれば、それ自体の宣伝効果はもとより、「マスコミに出ている」、「著者である」などによる信用力向上、ブランディングに大きな効果があります。

マスメディアで企画をつくる編集者は、常に「価値のある情報」、人々の関心が高いネタを探しています。そんな彼らが情報源としているもののひとつが、インターネットであり、「ブログ」なのです。

情報の流れ、流行の始まり方などを熟知している編集者であればあるほど、さまざまなブログをよく閲覧して、あらゆる角度から情報収集をしています。

ところが、ブログを書いている側の事業者は、マスメディアの編集者がそのようにネットからも情報収集をしているとは知らないためか、見込み客や消費者に向けてだけ情報を発信していることがほとんどです。

もちろん、それが一番優先なのは間違いありませんが、マスメディアでとりあげてもらえれば、ホームページやブログを読んでいない人にも、一気にあなたの情報を届けることができます。マスメディアの編集者の目に留まるということは、大きなチャンスでもあるのです。

マスメディアの編集者が仕事を依頼したり、自分たちの番組や媒体に掲載したりする際の判断のポイントはいくつかあります。

・あなたが信頼に値する人かどうか?（実績など）
・あなたやあなたの主張に、多くの人が関心を持ちそうか?（話題性など）
・あなたの情報を扱うことで、番組や媒体にメリットがあるか?

これら以外にもたくさんのチェックポイントがありますが、まずはこれらが最低限必要なことだと思います。

そして、知っておかなければいけないことは、マスメディアの編集者は、「あなたのビジネスを応援するために連絡をしてくるのではない」ということです。

ですから、あなたがビジネスの宣伝を期待するばかりで、編集者や番組、媒体を利することを忘れていると、メディアにとりあげてもらえなくなります。それでもとりあげてもらいたい場合には、お金を払ってスポンサーになるしかありません。

マスメディアの編集者にとって、あなたが信頼に値する人であるかどうかを知る手がかりは、過去にその人がどのような仕事をして実績を積んできたのかが、ホームページやブログで公開されているかどうか、そして、他のマスメディアにとりあげられた実績があるかどうか、などになります。

マスメディアは大きな影響力を持ち、その分、ひとつ間違えれば大きな批判にさらされるリスクを負っています。故に、登場させる人選なども保守的にならなければいけません。

しかし、最初からマスメディアに出た経験なんてありませんよね。では、実績がなければ絶対にマスコミにとりあげてもらえないのかと言えば、それもまた違います。企画の趣旨、狙いによってとりあげたい人は変わります。専門家を求めている場合もありますし、時流に乗っている人や、逆に素人を追っている場合もあるでしょう。あの有名な、●●先生以外の新しい顔で、なんていうニーズもあったりするのです。

大切なことは、あなたが専門家ポジションで、ホームページやブログにきちんと実績やあなたについての情報を公開し、マスメディアの方に見つけてもらえるようにしておくことです。

編集者が、「〇〇ならあなた」という情報源として認識をしてくれたなら、何かあれば連絡をしてもらえるような存在になれるでしょう。

プロフィールをブラッシュアップする

会社員のまま、副業をしようとしている多くの人は、会社にバレたら困るという立場で頑張っていると、「できる限り目立ちたくない」、「自分を隠したい」、という潜在意識が強く働いています。そのためか、ホームページでもブログでも、プロフィールを簡単に書いて済ませているケースが少なくありません。

しかしそれは、「見込み客からどう見えるか？」という観点で考えると、とてももったいないことだと思います。過去の実績や、現在のビジネスを始めるに至るまでのストーリーなどは、多くの見込み客が共感し、心を動かされるポイントにもなります。

私がそう言うと、「そんなことを書いても意味がないだろう」とか、「誰も自分なんかに関心を持っていないだろう」と言う人がいます。

もしかすると、その通りかもしれません。誰もあなたに関心がないかもしれません。

しかし、勝手にそう決めつけて情報を閉ざしてしまうと、ちょっと危険です。

例えば、あなたがもし、誰かのサービスを受けてみようと考えているとします。あなたが情報を得ようとホームページをいくら読み込んでも、そのサービスを提供する人が、自分の正体を明かそうとしない。そんな場合、あなたはその人を信用するでしょうか？

「私の情報は事情により一切出せません。ですが、あなたのクレジットカード番号は入力してください」などという話はあり得ません。もちろんそれは、法律的にもやってはいけないことです。

あなたは、その分野について「専門家」であるという立ち位置で、きちんと自己開示を行い、実績はもちろん、そのビジネスへの情熱やお客様への想いを積極的に発信してください。しっかりと気持ちを込めて書いた文章は、消費者の方も、企業の方も、マスメディアの方も、きっと読んでくれると思います。

では、ホームページなどに本名を出せないとしたら、一体どうすればいいのでしょうか？

そのような場合には、先述の「ビジネスパートナー」が重要になってきます。もちろん、ビジネスネームで活動するというのもひとつの方法ですが、「特定商取引法」があるため、インターネット上で商品を売る場合、本名や住所、電話番号などを公開する必要があります。

つまり、**完全に名前を伏せて活動するためには、あなたの代わりに、商品の販売責任者となってくれる人や会社が必要になるのです。**

あなたの代わりに名前を出してもらえるビジネスパートナーや、販売責任者になってもらえる代理店に商品を売ってもらい、あなたはそのパートナーとのみ取引を行えば、あなたの名前がインターネット上に出ることはありません。

どうしてもビジネスパートナーが見つからないという場合は、名前を出せる立場の配偶者やご家族の方に正式に代表者になってもらい、その人と一緒に事業をするなどが考えられます（※単なる名義貸しはNGです！）。

あくまでも一人でビジネスネームを使って副業をする場合、自社のホームページ上では、消費者からの受注や代金の決済をすることはできませんのでご注意ください。

このような場合には、お問い合わせや資料請求の受付までに限定し、実際の打ち合わせを経て状況を説明し、受注をするようにしてください。

※商取引度に関することがよくわかるサイト
『特定商取引法ガイド』(http://www.no-trouble.go.jp/search/what/P0204001.html)

プレスリリースを活用する

先ほど、マスメディアの編集者も、ネット、ブログなどから情報収集をしていると述べましたが、これだけ多くのホームページやブログが開設されている今ですから、こちらからもアプローチしない限りは、なかなか簡単には見つけてもらえません。

アピールできそうなプロフィールが完成したら、次は「プレスリリース」を活用しましょう。待ち続けるだけでは時間の無駄です。

プレスリリースとは、**新商品やサービスの情報をマスメディア各社に話題としてとりあげてもらえるように、こちらから情報を発信することです。**

基本的には文章で書くものなので、自分でもつくることはできます。しかし、その内容に興味を持ってもらえるように書くことは簡単ではありません。

マスメディアの方に興味を持ってもらえれば、取材や出版など、大きなチャンスにつながることもあります。ここは多少の費用をかけてでも、ライティングのプロに作成してもらうことも検討しましょう。

プレスリリースをしてくれる有名なサービスでは、「@ Press」などがあります。もちろん有償ですが、代行もしてくれますので、情報発信のクオリティも高くなり便利です。

・『@ Press』(https://www.atpress.ne.jp/)

「会社員の副業」から卒業する前に、5つのポイントをチェック！

さて、ここで、今現在のあなたが、会社を辞めてもいい状態にあるのかどうか、一度チェックをしてみましょう。すべて「ＹＥＳ」ならば合格です！「辞表の書き方」を検索して、次に備えてください！

もちろん、本書をお読みいただいている方のほとんどは、準備はこれからという状態のはずです。近い将来、副業が軌道に乗った時点で、この本、そしてこのページをもう一度読み返してください。今とは大きく違ったポジションから、違う気持ちで読めるようになっていることでしょう。

では、会社を辞める前に、やるべきことに漏れがないかどうか、チェックしていきましょう。

□チェック① 副業でそれなりの利益を出せているか?

副業をしていて大して稼げていないのに、「忙しくなったから辞める」、「本業のモチベーションがなくなったから辞める」というのは危険です。稼げていないのに忙しいということは、ビジネスモデルが完成していないということです。

まず考えるべきことは、会社を辞めて時間をつくることではなく、アウトソーシングを進める、時間の切り売りビジネスから脱却するなどして、業務効率を上げることです。「朝晩30分だけでも仕事は回っているし、昼間の時間があれば、もっと稼げるようになる」という状況まで、なるべく早く持っていきましょう。

「いくら稼げるようになったら合格なの?」という質問の答えは(第2章でお話ししたことの繰り返しになりますが)、独身の方ならば本業と同程度の収入が得られるようになったら、ご家族がいる場合には本業の2倍以上の収入+生活費1年分の貯金が確保できたときでしょう。

起業すると会社員時代と異なり、決まった日に収入が入るとは限りません。遅れたり、逃げられてしまったり、いろいろなことが起きます。

金融機関も簡単にはお金を貸してくれません。資金繰りがうまくいかず、経営が続けられなくなるケースは意外と多いので注意しましょう。

□チェック② インフラの準備が終わっているか？

インフラは大きく分けると2つあります。そのすべてを、会社を辞める前に整えておくようにしてください。

ひとつは、ビジネスに必要な業務系のインフラです。

・事業用の銀行口座（入金メール機能があるネットバンクがオススメ）
・事業用のクレジットカード口座（Paypal、Spike など）
・事業用のクレジットカード（各種支払いに利用）
・事業用の携帯電話（アプリで050を取得してもOK）

・会計ソフトの導入（ＭＦなどのクラウド型が便利）

クレジットカードなどは、会社を辞めてしまうとつくれなくなるので、早めに準備をしておきましょう。

もうひとつは、情報発信系のインフラです。

・ホームページ（ブログ機能付き）
・ＳＮＳアカウント（Facebook や Twitter などを育てておく）
・メールマガジン（読者５００人以上）

ＳＮＳのアカウントを持っているだけではＮＧです。まだ発信はせずとも、副業中に朝晩30分の中で育てておくことが肝心です。コメントをつけるなど、少しでもアカウントを動かしておきましょう。

育成は実に地道な作業ですが、これらを会社を辞める前にしっかりとやっておくと、あとで必ずあなたの大きな助けになってくれます。計画的に1～2年をかけて、しっかりと育成しておいてください。

チェック③ 「自分にはできる」という「根拠のある自信」があるか？

しっかりとリスク管理をし、実績を積んでいれば、自然と自信はついてきます。自分の軸がブレる、ドリームキラーの言葉によって自信が揺らいでしまっているうちは、会社員を続けている方がベターでしょう。心のゆとりが確保でき、リスクに対して柔軟に対処することができるからです。

軸がブレないという部分では、「ビジネス書や自己啓発本を鵜呑みにしすぎないこと」も大切です。読んだことで気持ちが高揚し、あたかも自分が成功した気分になるのはいいのですが、それは現実ではありません。

私たちは得てして、自分の希望に沿った「都合のいい情報」ばかりを拾い読みしてしまうものです。**会社を辞められるだけの力を身につけたいなら、自分にとって痛い話にも耳を傾け、失敗にも成功にも、真摯に向き合う姿勢と分析力が必要です。**

売上、利益の数字、見込み客の獲得状況などを冷静にチェックしましょう。

□ チェック④ 相談できるメンターや同志、専門家人脈があるか？

起業したら、あなたのビジネスについての決断は、すべてあなたが行わなくてはなりません。会社員時代のように誰かが指示してくれることもなく、全体の雰囲気でなんとなく決まるなんてこともなくなります。

特に起業1年目は、わからないこと、想定外のことばかりが起こります。そんなとき、相談に乗ってくれる先輩起業家、または起業家仲間がいると、大変ありがたいものです。

私が運営している起業18にも、独立後も参加し続けてくれている起業家さんがたくさんいらっしゃいます。やはり、起業した仲間同士で相談したり、ちょっとした悩みごとを話し合ったりできる場、時間、つながりは、貴重なものですね。

もしあなたが、本業として未経験の業界で独立を考えているのなら、できるだけその業界で働いている人や、同業者ともつながっておきましょう。

直接的には助けてもらえないかもしれませんが、彼らとの会話や観察を通じて、自分のビジネスプラン通りに物事が運びそうか、どこかに見落としはないか、何かしらの気づきやヒントが得られるはずです。

また、独立をすると、基礎的な法律の知識も必要になります。

今までは会社が守ってくれていましたが、事業者となれば、そうはいきません。クレームが発生すれば、自分が責任を持って対処するのは当たり前ですし、突然、訴訟を起こされるなどのリスクも考えられます。法律トラブルは、相手次第で突然降りかかってくるのです。

独立が視野に入ってきたら、税理士、弁護士など、士業の専門家とのつながりも育てていくことを考えましょう。

チェック⑤ 半年先までの売り上げ見込みがあるか？

本書をここまで読んでくださっているあなたは、もう、ギャンブル的に「えいっ！」と会社を辞めてしまうことはないと思います。

ちょっと大変かもしれませんが、会社を辞めてから半年先くらいまでは、順調に仕事（収入）が入ってきそうだという見通しがつくまでは、副業で頑張るようにしてください。

夢と希望、明るい未来を信じるだけで理想を追い求めても、その通りに行かないこともあると思います。「潜在意識をコントロールすれば、お金を引き寄せることができる」という類の話は、決して嘘ではありませんが、意識だけではお金は入ってこないでしょう。

また、「まだ実績がないから」、「友達からはお金はもらえない」などと言って価格を下げていると、生活することができなくなってしまいます。計画性のないどんぶり勘定では失敗する可能性が高く、会社員に逆戻りする人を身近でたくさん見てきました。

売り上げの見込みと同時に、半年先までの支出の計画も立てておきましょう。 融資を受けるのか、補助金を申請するのか、退職金や失業保険の給付があるのかなど、人によって環境はさまざま異なります。想定外の出費も多くなるはずですので、余裕を持った計画を立てましょう。心にゆとりが生まれ、事業に集中しやすくなります。

また、可能であれば、最初はなるべく大きな借り入れをせずにスタートするようにしましょう。「手元にお金がある」と錯覚を起こし、無駄なお金を使ってしまいがちです。身の丈にあった資金で、堅実に始めることが大切です。

いかがでしたでしょうか？　ダイナミズムのない、夢のない、地味な考え方だと感じた方もいらっしゃると思います。

「こんなやり方は起業じゃないよ」、「これでは事業が成長しないよ」と言う方もいらっしゃるでしょう。

ですが、私はこのくらい堅い計画、堅い商売の方が、スモールビジネスには適していると考えています。派手に大きく、こだわりや夢を追ってお金を使い、結果、廃業してきた人を山ほど見てきた、小心者の私なりの結論です。

この「小心者起業」の唯一のいいところは、家族や周りの人たちが、「まぁ、それならいいけど」と言ってくれるところ、そして失敗しないことです。

さて、5つのチェックポイントのすべてが「YES」となれば、会社を辞めてももう大丈夫でしょう。ここまで1年から1年半、本業が忙しかった人は、もしかすると2年以上の月日がかかるかもしれません。

本書でご紹介している通りに進めれば、売り上げが少しずつ大きくなってきていることでしょう（※利益は再投資しているはずですので、見込み客数などがどんどん増えていますよね！）。

副業であっても「税金」はかかる

税金はどうやって納めるのか

税金のお話は、ビジネスとは切っても切れないものです。納税は国民の義務であり、副業であろうが何であろうが、決められたルールを守らなければなりません。

ここではまず、具体的な副業中の税金について話をする前に、税のそもそもの仕組みについて、簡単に説明しておきましょう。

日本では、「申告納税制度」というシステムで税金を徴収しています。政府が税金の金額を決めて「納めなさい」と言ってくるのではなく、私たちがそれぞれ計算、申告をして、税金を納める制度です。

毎年3月までに、前年度（個人事業の場合は1月1日から12月31日）の自分の稼いだお金を確定して、申告することから「確定申告」と言われています。

それでは、副業中の会社員は、どのように確定申告をすればいいのでしょうか？

会社員はお勤めの会社から、「給与所得」という所得を得ていますが、この給与所得に関しては、お勤めの会社が所得税や住民税などの計算をして納税してくれるので、自分で確定申告をする必要はありません。

本書をお読みの会社員の皆さんも、確定申告をしたことがないという方が多いのではないでしょうか？

ですが、本業の会社とは関係のない、**副業で稼いだ所得にかかる税金、および、お客様から預かった消費税に関して（※ 課税事業者の場合）は、お勤めの会社が納税してくれることはないので、自分で確定申告をしなければならないのです**（※ ただし、会社員として年末調整をした人で、給与所得及び退職所得以外の所得の金額の合計額が20万円以下の人は、確定申告をする必要はありません。例外もありますので、国税庁のホームページでも確認しておきましょう。また、住民税に関してはこのような規定はありませんので、所得が20万円以下であっても、市区町村への申告が必要になります）。

副業で収入を得ると、収入は「雑所得」となります。所得には次のようなものがあります。

・いわゆる副業からの所得＝雑所得（ただし、副業であれ、税務署に開業届を出して個人事業主になった場合や、一定規模の収入が継続的にある場合には、「事業所得」と見なされることがあります）
・会社員としてのお給料＝給与所得（主たる給与）
・不動産のオーナーの場合＝不動産所得
・株や金融商品などの売買（譲渡）の場合＝譲渡所得
・いわゆるアルバイト副業＝給与所得の場合あり（従たる給与）

税務署に開業届を提出していない場合、雑所得になるのか、事業所得になるのかは曖昧な点もありますので、申告前に税務署や税理士さんに確認するといいでしょう。

そして、**雑所得や事業所得は「総合課税」と言って、本業の会社から得ている給与所得**

と合算をして申告をすることになっています。

所得税については、確定申告書で税額を自ら計算し、税金を納める際には、口座振替などで支払います。

住民税に関しては自分で計算するのではなく、市区町村が計算するので、少々ややこしくなっています。

住民税額は、市区町村が合算された所得から計算して、あなたがお勤めの会社に通知します。会社は、あなたのお給料からその額を天引きして、市区町村に納税します。これを「特別徴収」と言います。

この税額が大きく増減していると、会社（経理担当者など）に副業がバレてしまう可能性があるというわけです。「お給料が変わっていないのに、どうしてこんなに住民税が増えているの？」、「同期の人たちとずいぶん金額が違うけど？」などと、何か別に収入を得ているのではないかと勘繰られてしまうというわけです。

・『国税庁』（http://www.nta.go.jp/taxanswer/shotoku/1900.htm）

会社にバレない税金の払い方

前述のように、通常、会社員の方が「住民税」を納めるときは、市区町村が会社に税額を連絡し、会社がお給料から天引きして納税する仕組みになっています。そこで、住民税額に大きな変動があると、会社にバレてしまう可能性が出てくるというわけです。
よって、会社にバレたくない場合には、会社に通知が行かないようにしながら住民税を払う必要があります。

会社にバレないように住民税を支払うためには、市区町村から会社に連絡が行かないように、「普通徴収」を選択する必要があります。

確定申告をする場合には、申告書にチェックを入れる欄があります。確定申告をしない場合には、市区町村の市民税課などの担当窓口で副業分の住民税を普通徴収にしてもらえるように依頼します。

普通徴収を選択すれば、給与・公的年金等にかかわる所得以外の住民税は、つまり、副業分の住民税については会社には通知されず、自宅に通知（納付書を送付）してもらうことができます（※市区町村によって対応が異なる場合がありますので、確認が必要です）。納付書を受けとったら、それに沿って、金融機関やコンビニなどから納税します。お給料からは今まで通り、本業の会社から得ているお給料に対する住民税が天引きされます（※副業に厳しい会社にお勤めの場合などで、会社にバレてしまわないか心配が残る場合、お勤めの会社に送付される本業分の住民税の通知に、副業をしていることがわかってしまうような情報が記載されることがないか、役所に確認をしてみましょう）。

ただし、「事業所得」も赤字で申告すると、ややこしいことになります。理由は「総合課税」により、赤字が出た場合には、その分が本業の給与所得から差し引かれることになるからです。

つまり、通算された課税対象所得が少なくなりますので、所得税は一部還付されることになります。そして、会社から天引きされる住民税は、翌年度分が減額されることになるのです（※雑所得の場合は、赤字であっても給与所得からの控除はできません）。

税金が減るのは嬉しいかもしれませんが、そのわずかな住民税額の差により、細かく見ている経理担当者がいれば、勘ぐられてしまう可能性が出てくるというわけです。

□ マイナンバーの副業への影響は？

マイナンバーとは、すべての国民が持つ12桁の番号のことで、行政実務の効率化のために活用されるとされています。

この「マイナンバー」が、会社員のままビジネスを始める方には、なかなか厄介な代物だと言われています。マイナンバーを本業の会社に提出すると、副業が会社にバレてしまうので、できなくなってしまう人が増えるだろうと言われているのです。

少しややこしい話になりますが、大切なところですので、現時点でのマイナンバー制度の副業に対する影響を整理しておきましょう。

現時点（2017年4月）では、マイナンバーによって副業がバレてしまう可能性は、その副業の内容によって異なる、と言っていいと思います。

先述のように、会社員のまま副業をしていても、それが、「雑所得」や「事業所得」を得ているものであれば、確定申告をして、住民税を「普通徴収」で納税すれば、会社には通知されません（※ただし、医療費控除、住宅ローン控除、ふるさと納税〈寄付金控除〉

などがある場合には、会社にバレてしまうリスクがありますので、事前に税理士や市区町村に相談されることをオススメします）。

一方、それが「給与所得」を得る、いわゆる「アルバイト副業」である場合には、市区町村から「主たる給与を支払っている会社」（あなたの本業の会社）に税額の通知が行ってしまい、副業がバレてしまうことがあります。

また、本書では詳しく触れていませんが、株式会社を設立するなど、いわゆる法人化をして自分自身にお給料を支払っている場合、「給与所得」となりますので、アルバイト副業をしているのと同じ状況になります。

「何だか怖いから確定申告をしない」と考える人がいるかもしれませんが、通常、それはできません。2カ所以上から給与の支払を受けている人で、主たる給与以外の給与の収入金額と給与所得及び退職所得以外の所得の金額の合計額が20万円を超える人は、原則として確定申告をしなければなりません。

結論を言いますと、本書で推奨しているような、**「雑所得」、または、「事業所得」を得る副業（法人化をしない）をして、きちんと確定申告を行い、住民税を普通徴収で納税で**

きれば、基本的に会社にバレてしまう心配はないということになります。

副業で「給与所得」を得ている場合には、副業分の住民税だけを普通徴収にしてもらえるかどうか、一度、市区町村に確認しておきましょう。

ただし、お住まいの市区町村によっては、「特別徴収」を推進している場合がありますし、普通徴収の手続きをしたとしても市区町村の担当者が見落としている場合もあり得ますので、きちんと副業分の住民税が普通徴収になっているかどうか、市区町村に確認しておくと、より確実です。

コラム：普通徴収にしたのに！

私は会社員時代、副業の税金についての知識が乏しかったために、会社にバレそうになったことがありました。

副業で赤字が出てしまったために、確定申告で事業所得の赤字申告を行いました。ですがこれが大間違い。翌年に「ぞっ」とすることになりました。

事業所得を赤字で申告すると、総合課税により、会社員として得ている給与所得から、赤字分が差し引かれます。つまり、会社員として納税した「所得税」が一部還付されてくるのです。

しかし、「住民税」に関しては還付というものがありません。

「住民税」はどうなるのかといえば、次年度の納税額が減額されます。その場合、申告書の普通徴収の欄に入れたチェックは関係なくなります。お給料から天引きされている「住民税の額」が、減らされるだけだからです。

お給料から天引きされて5月まで支払っていた金額と、6月から支払うことになる金額が違うのですから、「特別徴収税額の通知書」が経理担当者に届いた時点で、「おや?」と思われてしまいます（※個人の住民税の徴収期間は、毎年6月から翌年5月までの1年間です。つまり、住民税は6月から新年度が始まることになります）。

私の場合も、その通知書に、主たる給与以外の合算所得、つまり赤字申告をした金額が記載され、その所得区分である「営業等」の欄に、しっかりと「※」がついていました（冷汗）。「この人は副業をしていて、開業届を出していて、●●円赤字を出して、確定申告をしています」と書いてあるのと同じようなものです。

事業所得を赤字で確定申告すると危険です。きちんと利益を出せるように頑張るか、どうにもできない場合には、経費削減が必要です。

おわりに

２０１４年の中小企業白書によると、２０１２年の日本の廃業率は３・８％。アメリカ、イギリス、ドイツ、フランスなど主要先進国の中では最も低いとされています。

ただし、これは日本の起業の促進政策が優れているということではありません。なぜならば、その一方で２０１２年の日本の開業率は４・６％だからです。つまり、日本は開業する人がそもそも少ないのです。そして、新陳代謝が遅いことなどから、廃業率も必然的に低くなるというわけです。

ちなみにアメリカの開業率は15・３％で、日本の３倍にもなります。

この理由として、日本人の「起業する」ということに対するイメージが、想像以上に悪いことが挙げられます。

「起業家とサラリーマン、どちらも選べるとしたら、どちらを選ぶか」というＯＥＣＤの調査（２０１３年）では、日本人が約５人に１人（22・８％）しか起業家を選ばなかったのに対して、アメリカ人は２人に１人（50・９％）が起業家を選ぶという結果になっています。

多くの人が、先行き不透明な会社員生活に不安を感じ、理不尽な組織に不満を抱いているのに、結局は会社員がいいという結論を出しているのです。

しかし、会社員として40年近く働くメリットが少なくなっているのも、事実でしょう。今の生活はもちろん、老後だって、年金の支給額だけで幸せに暮らすことは難しくなっています。何らかの形で収入源を確保して将来に備える、現在のアメリカのような流れが、より一般的になるのではないでしょうか。

私は、日本人が起業に対していいイメージを持てないのは、本書で何度も紹介した、「ドリームキラー」の影響が大きいと考えています。

「起業は危険である」、「起業は難しいものである」……。起業をする以前に、準備も練習も諦めてしまう、そんな人があまりにも多いのです。

皆さんが思い浮かべる起業は、会社を辞め、数百万円から数千万円のコストをかけて、一か八かの成功を目指すというものだったと思います。ですが、そんな起業スタイルは、あまりに無謀であり、家族を路頭に迷わせる危険すらあると思います。

起業は、リスクが高いものだけではありません。リスクを下げようと思えば、いくらでも下げられます。自分の身の丈にあったやり方でやればいいのです。会社を辞める必要もありません。

副業で利益を出せたら、その利益をさらにビジネスに投資して、会社を辞められるようになるまで、少しずつ事業を大きくしていけばいいのです。

実際に、起業先進国であるアメリカでも、多くの起業家が副業からスタートし、そこから得られた利益で事業を育て、余裕を持って会社員を辞めるという選択をしています。

ただ漠然と「怖い」というイメージだけで判断し、自立したいと願うあなたの想いを切り捨ててしまっては、あまりにももったいないと思います。

あなたが好きなことをベースにして、誰にも奪われない、誰にも指図されない、あなたの居場所をつくることは可能です。

本書では、その一端を紹介致しました。まだまだ紹介したいノウハウはたくさんあります。起業18フォーラムの無料メール講座でも、その一部がご覧いただけますので、ぜひご覧になってみてください。

『180日で会社員のまま起業家になる方法・日本一お手軽な起業準備術』

https://kigyo18.net/lp2/

本書を読んだあなたが、自立したいという想いや、本当の夢を大切にして、最初の小さな一歩を踏み出される日を、とても楽しみにしています。

最後に、このような執筆の機会をくださいました明日香出版社の久松さん、本書をお読みくださったすべての読者の皆様に、心より御礼申し上げます。

2017年4月　新井一

180日で
会社員のまま起業家になる方法・
日本一お手軽な起業準備術

メール講座を無料プレゼント！

本書をお読みになって、今日から「会社を辞めずに起業準備を進めてみよう！」と決めたあなたに、ぜひ、受けていただきたいメール講座です。

ご登録いただきますと、３日に１通、会社員のまま起業準備をするためのノウハウがつまった､メールをお送りします（７通･３週間)。
会社を辞めずに起業するとは、一体どういう意味なのか？
この先、時間とお金を使わずに、起業準備を進めるには、どうすればいいのか？
そんな情報をお届けする、あなたのためのメール（＋動画）の講座です。

お申込みは簡単、今すぐ下の URL から、お申込みページを開いてください。

https://kigyo18.net/lp2/

※このメール講座は、予告なく内容を変更、または提供を終了する場合があります。予めご了承ください。

■著者略歴
新井　一（あらい　はじめ）
起業18フォーラム代表

1973年生まれ。

10000人の起業をプロデュースした「起業のプロ」。

会社員のまま始める起業準備塾「起業18フォーラム」主宰のほか、インターネットからの集客術に特化した起業家向けマーケティング支援などを行う。

高校・大学と海外のスクールに単身就学。帰国後、日本の企業に就職するも、さまざまな失敗を繰り返す。社会になじめず、会社になじめず、自分の居場所を探して15年間会社員をしながら事業を続け、独立後は「起業のプロ」として起業家を育てる。

特徴は「人生を変えたい」と願う会社員はもちろん、自立を目指す主婦からニート、フリーター、落ちこぼれまで、起業とは程遠いと思われがちな人材を一発逆転させてきたこと。

マスコミにも多数登場し、会社員のまま始める起業準備法を公開。経験・実績に基づいた、わかりやすい起業支援セミナー・ノウハウの解説には定評がある。

著書：『朝晩30分好きなことで起業する』（大和書房）

本書の内容に関するお問い合わせ
明日香出版社　編集部
☎(03) 5395-7651

会社《かいしゃ》を辞《や》めずに朝晩《あさばん》30分《ぷん》からはじめる起業《きぎょう》

2017年　5月　15日　初版発行
2017年　11月　15日　第6刷発行

著者　新《あら》井《い》　一《はじめ》
発行者　石野栄一

〒112-0005 東京都文京区水道2-11-5
電話 (03) 5395-7650（代表）
(03) 5395-7654（FAX）
郵便振替 00150-6-183481
http://www.asuka-g.co.jp

明日香出版社

■スタッフ■　編集　小林勝／久松圭祐／古川創一／藤田知子／田中裕也／生内志穂
営業　渡辺久夫／浜田充弘／奥本達哉／平戸基之／野口優／横尾一樹／関山美保子／藤本さやか　財務　早川朋子

印刷　株式会社文昇堂
製本　根本製本株式会社
ISBN 978-4-7569-1900-7 C0034

編集担当　久松圭祐

起業を考えたら
必ず読む本

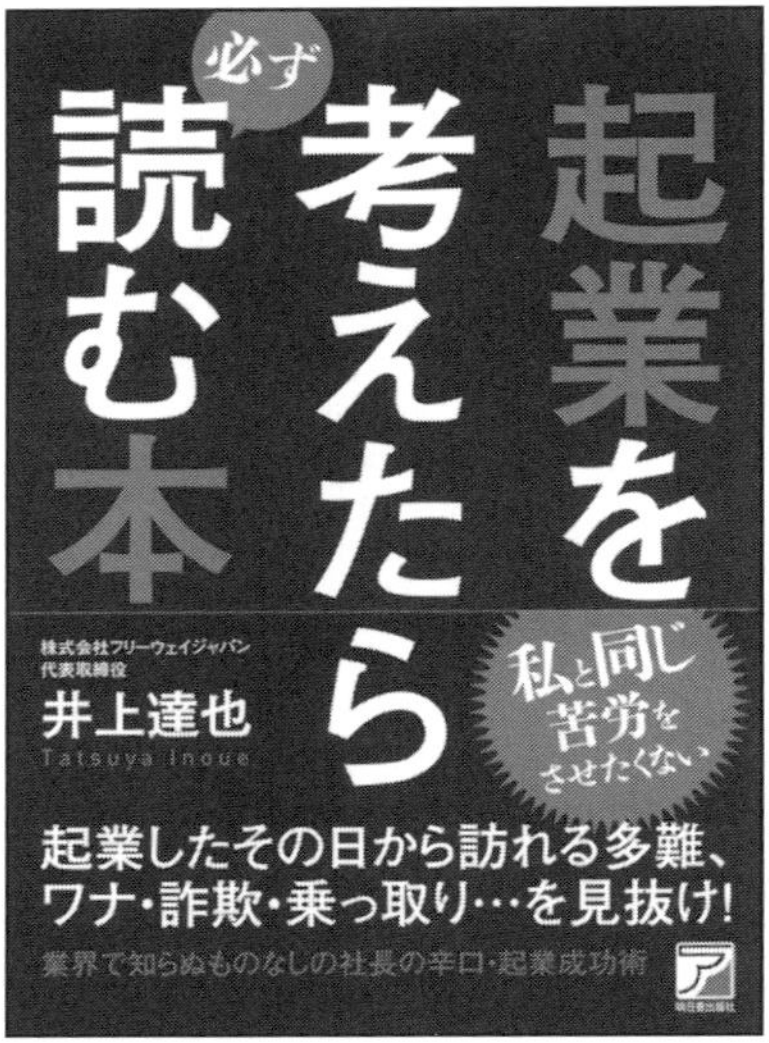

井上 達也：著

ISBN978-4-7569-1855-0
B６判　本体 1500 円＋税

創業 25 年、徒手空拳で会社をいちからたたき上げ、強くしてきた自負があるからこそ書ける、起業のアドバイス本。起業を思い立ったらやること、決意して会社を辞める前にやっておくこと、会社を作ったらやること、負けず成功するために心に刻んでおくことなどのアドバイスを紹介。コンサルが書いたものにはない、力強さがあります！

絶対に後悔しない！
45 歳からの起業の心得

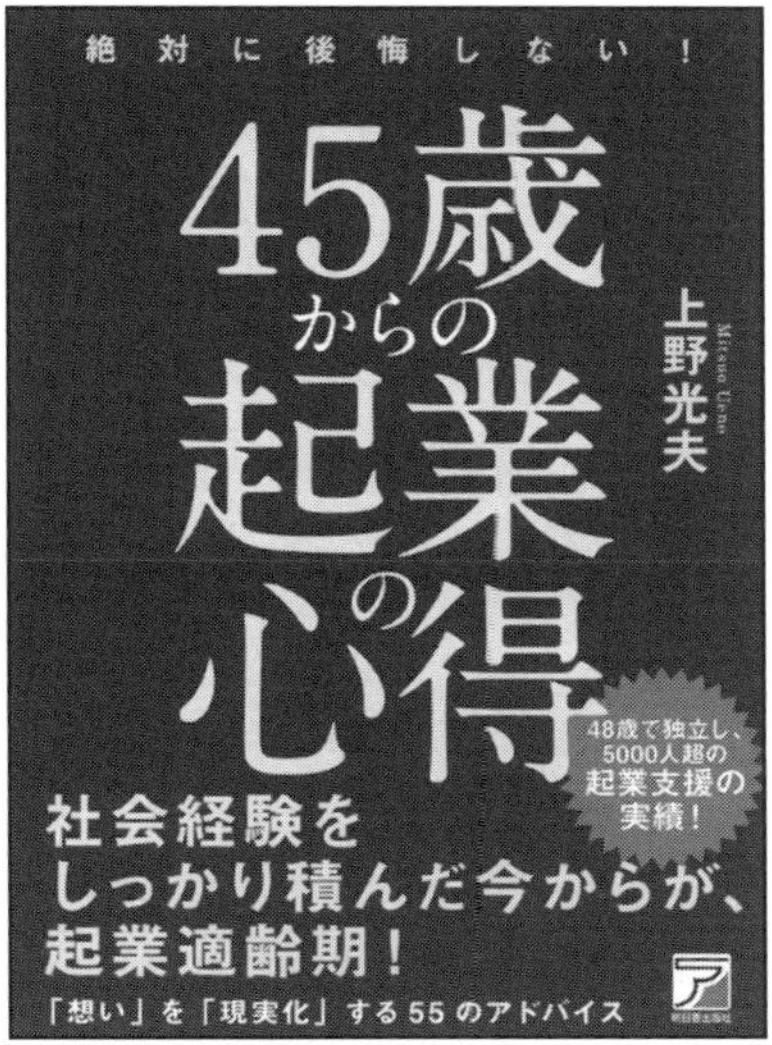

上野 光夫：著

ISBN978-4-7569-1829-1
B 6 判　本体 1500 円＋税

「45 歳という年齢。もう転職できる時期はすぎた。いっそ独立しようか」なんて悶々と悩んでいる人に向けた、起業心得本。48 歳から起業した著者の体験や、起業支援された方の話も織り交ぜながら、準備の仕方やマインドセット、経営スキル、ビジネスモデル構築法、お金の話を中心に、うまくいく起業家としての心構えを学ぶ。事業計画書など、実務的な内容は控える。

一日も早く起業したい人が「やっておくべきこと・知っておくべきこと」

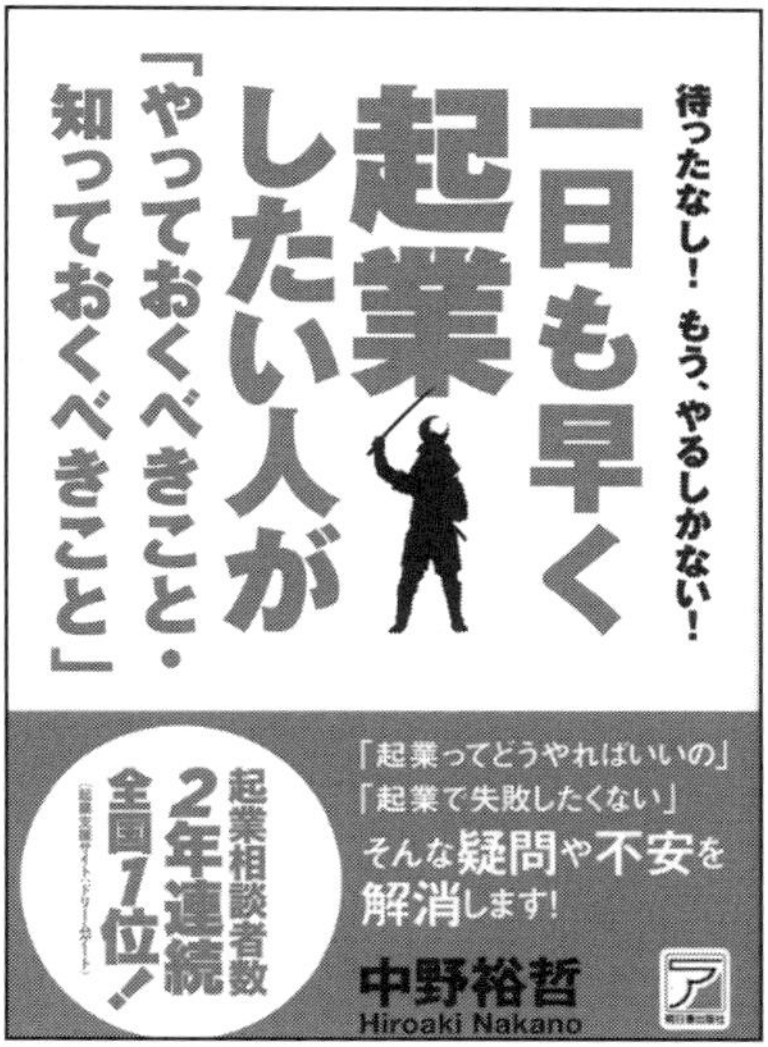

中野 裕哲：著

ISBN978-4-7569-1609-9
B６判　本体 1500 円＋税

「起業ってどうやればいいの」「起業で失敗したくない」そんな疑問や不安を解消します。

起業相談サイトの相談者数 NO.1 の著者が教える起業成功のノウハウ。

どんな職種で起業すればいいのか、起業前にどんなものを用意すればいいのか、どんな心構えが必要なのかをまとめました。

買わせる文章が
「誰でも」「思い通り」に書ける
101 の法則

山口 拓朗：著

ISBN978-4-7569-1720-1
B６判　本体 1500 円＋税

モノやサービスの購買につながる文章の書き方が分からない…。

そんな人に「商品を売る文章」の書き方を指南します。

売れない文章と売れる文章の違いは「読み手の感情を動かせるかどうか」に尽きます。事前準備から読み手の感情を動かす具体的な方法、興味を引くコピーの作り方、購買へと導く方法まで、売るために必要な文章の書き方を解説。